新文科·新传媒·新形态 精品系列教材

短视频
策划、拍摄与制作

微课版

吕子燕 ◎ 主编

卢玲 ◎ 副主编

人民邮电出版社

北　京

图书在版编目（CIP）数据

短视频策划、拍摄与制作：微课版 / 吕子燕主编.
北京 ：人民邮电出版社，2025. --（新文科·新传媒·
新形态精品系列教材）. -- ISBN 978-7-115-65634-6

Ⅰ. F713.365.2；TN948.4

中国国家版本馆 CIP 数据核字第 202490C8B6 号

内 容 提 要

短视频由于具有更多样的观看场景、更高的信息密度、更强的传播和社交属性、更低的观看门槛等
优势，已经成为移动互联网时代的流量入口。本书结合短视频平台和短视频制作工具及 AIGC 技术，全
面系统地介绍了短视频的策划、拍摄、制作以及发布与推广的方法。全书共 10 章，包括短视频概述、
短视频策划、短视频拍摄、人物写真短视频、美食短视频、宠物短视频、旅拍 Vlog、节日短视频、产
品宣传短视频、短视频发布与推广等内容。

本书配有 PPT 课件、教学大纲、电子教案、案例素材、效果文件、思考与练习答案、题库与试卷管
理系统等教学资源，用书教师可在人邮教育社区免费下载使用。

本书结构清晰、图文并茂、注重实践，既适合作为高等院校相关专业的教材，又适合作为短视频和
新媒体领域从业人员的参考书，还适合对短视频拍摄、后期制作、运营等感兴趣的广大读者阅读。

◆ 主　　编　吕子燕
　　副主编　卢　玲
　　责任编辑　王　迎
　　责任印制　胡　南

◆ 人民邮电出版社出版发行　　北京市丰台区成寿寺路 11 号
　　邮编　100164　　电子邮件　315@ptpress.com.cn
　　网址　https://www.ptpress.com.cn
　　雅迪云印（天津）科技有限公司印刷

◆ 开本：787×1092　1/16
　　印张：11.25　　　　　　　　2025 年 1 月第 1 版
　　字数：329 千字　　　　　　2025 年 1 月天津第 1 次印刷

定价：69.80 元

读者服务热线：(010)81055256　印装质量热线：(010)81055316
反盗版热线：(010)81055315
广告经营许可证：京东市监广登字 20170147 号

前言

党的二十大报告指出：构建优质高效的服务业新体系，推动现代服务业同先进制造业、现代农业深度融合。加快发展数字经济，促进数字经济和实体经济深度融合，打造具有国际竞争力的数字产业集群。随着移动互联网、新媒体行业的发展及 5G 技术的逐步普及，短视频行业迅速发展。短视频具有社交、电商等属性，近年来其市场规模不断扩大，覆盖人群不断增加，商业模式不断更新。据统计，2023 年我国短视频市场规模已突破 3000 亿元。目前抖音与快手为短视频领域领航者，快手凭先发优势坐拥广泛用户基础，深耕电商与游戏直播；抖音则以算法驱动创新内容，后来者居上，并成功吸引众多 KOL 入驻，推广效果斐然，持续巩固行业领导地位。

短视频凭借其广泛的市场覆盖和强大的社会影响力，不仅极大地方便了人们的工作、生活和学习，也为运营者带来商业变现机会。创作者若想在短时间内让短视频作品获得广泛关注，前期策划时就要紧跟时事热点，制造话题，抓住用户痛点，打造优质内容。拍摄和剪辑亦需用心，提升视觉效果，吸引用户。最后通过社交媒体、合作营销及精准广告等引流手段，将流量变现，实现商业价值。

本书的内容编写特点如下。

1. 体系完善，强化应用 本书立足于短视频行业的实际应用，构建了从策划、拍摄、制作到发布与推广的完整内容体系，覆盖了短视频创作与运营的各个环节。书中详细介绍了从手机拍摄到微单 / 单反相机拍摄，再到无人机拍摄的多元化拍摄方式，并涵盖了从移动端到 PC 端的短视频制作流程，也包括 AIGC（人工智能生成内容）技术赋能短视频创作，旨在强化读者的实际应用能力，并注重读者短视频制作技能的全面提升。

2. 实例引导，注重实操 本书收集和整理了大量短视频策划、拍摄与制作的精彩案例，这些案例不仅具有丰富性和多样性，还具有很强的实用性和参考性，使读者能够在实际操作中直观理解所学知识，真正做到将理论与实践相结合。

3. 图解教学，解疑指导 本书采用图解教学的形式，一步一图，以图析文，让读者在实际操作过程中能够直观、清晰地掌握短视频策划、拍摄、后期制作、发布与推广的流程和技巧。另外，书中还设置了"课堂讨论""提示与技巧"等模块，帮助读者解决在学习过程中遇到的难点和疑问，扩展学习相应的知识。各章末尾还增加了"思考与练习"模块，帮助读者巩固所学知识点。

4. 同步微课，资源丰富 本书提供微课视频，读者扫描书中二维码即可观看应用视频。此外，本书还配有丰富的教学资源，包括 PPT 课件、教学大纲、电子教案、案例素材、效果文件、思考与练习答案、题库与试卷管理系统等，用书教师可在人邮教育社区（www.ryjiaoyu.com）免费下载使用。

本书由吕子燕任主编，卢玲任副主编。由于编者水平有限，书中难免存在疏漏和不足之处，请广大读者批评指正。

编　者

目 录

第10章
短视频发布与推广

第 1 章

短视频概述

本章导读

　　随着短视频越来越流行，越来越多的个人和团队进入了短视频制作领域。本章将从短视频的概念、主要的短视频平台、短视频的制作流程等方面展开讲解，系统讲述短视频的相关基础知识。

学习目标

1. 认识短视频
2. 熟悉常见的短视频类型
3. 熟悉常见的短视频平台
4. 掌握短视频的制作流程

1.1 短视频简介

　　短视频即短片视频，是指以新媒体为传播渠道，由用户自主拍摄、剪辑、制作的时长短、可及时传播、内容形式多样的视频，是继文字、图片、传统视频之后新兴的一种内容传播载体。随着智能手机和5G网络的普及，时长短、传播快、互动性强的短视频逐渐获得各大平台、粉丝和资本的青睐。

　　"短视频"一词最早起源于美国的移动短视频社交应用Viddy。在中国，短视频行业的发展也经历了多个重要阶段。2011年，制作和分享GIF动图的工具GIF快手上线；2012年，GIF快手成功从工具应用转型为短视频平台；2013年，微博秒拍和腾讯微视等短视频平台相继上线，将短视频推上了新的台阶；到了2014年和2015年，美拍和小咖秀等平台的上线，使得短视频行业形成"百家争鸣"的局面；2016年，火山小视频、抖音、梨视频上线；2017年，短视频进入爆发时期；到2020年，短视频行业逐渐形成了以抖音和快手为代表的"两超多强"的态势；到2023年，短视频行业已经发展得相当成熟和多样化。经历了多年的快速增长和变革，短视频已经成为人们生活中不可或缺的一部分。

📖 课堂讨论

　　你喜欢看短视频吗？原因是什么？

1.1.1 短视频的发展现状和趋势

　　《中国网络视听发展研究报告（2024）》（以下简称《报告》）显示，截至2023年12月，我国网络视听用户规模达10.74亿人，网民使用率高达98.3%，居所有互联网用户首位。其中，短视频人均单日使用时长达到151分钟，这显示出用户对短视频内容的强烈需求和喜爱。

1-1　短视频的发展现状和趋势

1. 短视频的发展现状

　　作为当今信息传播的重要方式之一，短视频经历了从探索、成长、成熟、突破到现在持续稳定发展的过程。短视频在当前已经发展成为一种全民娱乐潮流，具有极高的用户黏性和广泛的受众基础。

　　（1）市场规模不断扩大。短视频行业的市场规模在不断扩大。根据《报告》，2023年，我国网络视听行业市场规模首次突破1万亿元，达到11524.81亿元，其中短视频领域占据重要位置。这主要得益于短视频平台的广告收入、付费用户增长以及电商直播等多元化变现模式的推动。

　　（2）内容多样化和垂直化。在内容方面，短视频也呈现出多样化和垂直化的发展趋势。搞笑视频、舞蹈视频、美食制作视频等具有趣味性和娱乐性质的内容类型受到用户的青睐。同时，用户对于快节奏、信息密集型内容的喜好也推动了短视频时长的变化，目前用户更喜欢观看持续时间为1～3分钟的视频。

　　（3）带动了相关产业发展。短视频还带动了相关产业的发展，如职业主播数量增加、以网络视听业务为主营业务的存续企业增多等。这些变化不仅丰富了数字经济的内涵，也为社会创造了更多的就业机会和更大的经济效益。

2. 短视频的发展趋势

　　短视频行业是近年来发展迅速的行业，随着用户对短视频内容的需求不断增长，短视频行业也呈现出了一些新的发展趋势。

（1）市场规模持续扩大。随着5G技术的普及和网络环境的优化，短视频行业将迎来更广阔的市场空间。用户规模也将稳步增长，特别是年轻用户群体的参与度将进一步提高，为短视频平台带来更多的流量和商机。

（2）内容创新与多元化。短视频平台将积极寻求与各类内容创作者的合作，推动优质内容的产生和传播。同时，短视频内容将涵盖更多领域，如教育、知识分享、生活技能等，以满足用户日益多样化的需求。此外，短视频平台还将注重提升内容质量，加强内容监管，打击低俗、媚俗等不良内容，提高行业整体形象。

（3）技术驱动与智能化发展。人工智能、大数据、云计算等技术的应用将进一步优化短视频的推荐算法和用户体验。短视频创作工具也将更加智能化，进一步帮助用户降低创作门槛，提高创作效率。这将有助于平台更好地满足用户需求，提升用户黏性和活跃度。

（4）商业化变现与盈利模式。随着市场规模的扩大和用户基数的增加，短视频行业的商业化变现能力将进一步提升。短视频广告将变得更加智能化，采用更加精准的方式进行投放。此外，短视频行业还将与其他产业进行深度融合，如与电影、电视、游戏等传统媒体产业，以及与电商、金融、旅游等其他产业融合创新，拓展更多应用场景。

（5）全球化发展。短视频平台正积极拓展海外市场，通过优化产品设计及内容生态，满足不同国家和地区的用户需求，推动行业向全球化的方向迈进。

1.1.2　短视频的特征和优势

在短视频发展如火如荼的当下，很多人可能会产生这样的疑问：相较于文字、图片和传统视频而言，为什么短视频更能吸引大众的视线、得到大众的喜爱呢？下面让我们从短视频的特征和优势方面展开分析。

1．制作流程简单，生产成本低

在短视频出现之前，大众对于制作视频的印象就是拍电影、拍电视剧，这需要专门的制作团队，流程复杂、成本高。短视频出现之后，大众自己拿起手机就可以拍摄短视频，经过简单的加工便可以上传短视频进行分享，制作流程简单，生产成本低。

2．时长短，内容精炼

短视频的时长一般为15秒～5分钟，大多数为15秒左右，符合当下用户快节奏的生活和工作方式。而且相较于文字和图片而言，短视频可以给用户带来更好的视听体验。由于时长短，短视频每一秒的内容都应很吸引人，即"浓缩的就是精华"，以降低用户获取信息的时间成本，使用户充分利用碎片化时间。

3．传播速度快，社交属性强

短视频是信息传递的新方式，是社交的延伸。用户将制作完成的短视频上传至短视频平台之后，其他用户可以进行点赞、评论、转发分享和私信等操作；短视频平台还与微信和微博等其他社交平台合作，用户可以将短视频转发到微信朋友圈和微博等，进行广泛传播。

4．内容、形式多样，个性十足

短视频用户群体年龄跨度大，所以短视频内容或搞笑，或感动，向观众传递情感；内容的表现形式也多种多样，有的运用创意剪辑手法和炫酷特效，有的采用情景剧形式，等等。短视频创作者可以在短视频中充分展现自己的想法和创意，而用户也可以根据自己的兴趣爱好观看不同内容、不同形式的短视频，满足精神需求。

5．实现精准营销，营销效果好

短视频创作者能够根据不同用户的年龄、身份进行垂直内容细分创作，因此与其他营销方式相比，利用短视频营销能够更精确地找到目标用户，实现精准营销。目前，大多数短视频平台已植入广告，用户在观看短视频的同时也能接触到相关商品信息。企业在短视频中直接插入商品购买链接，使用户在享受内容的同时能方便地进行购买，从而有效实现变现，达到良好的营销效果。短视频"带货"的兴起，引领了卖货的新潮流。企业通过短视频的形式展示内容，使用户不仅能在短时间内了解产品本身，还能对相关的企业文化有一定了解，提高了用户的购买效率，促进了快消费模式的形成。此外，短视频平台通常设有搜索框，用户通过搜索关键词来获取信息，这种搜索引擎优化的方式使得短视频营销更为精准，有助于企业更好地找到目标用户。反过来，用户也能通过短视频更直观地了解企业和产品。因此，短视频营销以其精准性和直观性，成为当前营销领域的一种重要手段。

1.1.3　短视频的类型

1-2　短视频的类型

短视频的类型多种多样，内容丰富且形式多样。以下是一些常见的短视频类型。

1．生活日常类

生活日常类短视频以记录日常生活片段为主，展示生活中的点滴细节。在这类短视频中，通常由一位或几位主人公在镜头前展示他们的日常生活，内容包括吃饭、做饭、化妆、穿搭、游玩、节日活动等。这类短视频的特点是真实、自然，容易引起用户的共鸣。

2．知识科普类

知识科普类短视频主要涉及专业知识、学习经验、生活小技巧等诸多方面，具有很强的实用性。在短短几分钟内就可以学到一个生活小技巧是很多用户喜闻乐见的，因此，知识科普类短视频在各个短视频平台非常受欢迎。知识科普类短视频不同于其他类型的短视频，既要讲究方法的实用性，又要追求制作的趣味性，以吸引用户关注，让用户在获得技能的同时还能体会到生活中的乐趣。

3．娱乐搞笑类

娱乐搞笑类短视频以幽默、滑稽和搞笑的内容为主，旨在带给用户欢乐和笑声。很多人看短视频的目的是娱乐消遣、缓解压力，因此，娱乐搞笑类短视频不管在哪个短视频平台都是非常受欢迎的。除了纯搞笑的内容外，搞笑吐槽类和情景剧短视频也赢得了大众的喜爱。搞笑吐槽类短视频主要结合社会热点，反映社会问题，能够引起大众的共鸣，为大众带来乐趣；情景剧短视频则通过一定的故事情节（通常伴随剧情反转）吸引用户。

4．人物写真类

人物写真类短视频主要是指以人为主要对象进行拍摄的短视频。这类短视频内容会使人物呈现出更真实或更多面的形象。人物写真类短视频在传播时往往具有美观性和可看性，容易让人产生代入感。

5．美食分享类

美食分享类短视频包括美食制作、菜肴分享和美食鉴赏等内容。它们主要通过视觉和语言的双重刺激，让观众感受到美食的魅力。美食承载着中国人的情感，在我们的生活中占据着非常重要的位置，优秀的美食类短视频不仅会向观众展示美食，还会传递对生活的态度、对生活的热情。无论是爱好美食的"吃货"，还是不会做饭的厨房小白，都会被美食类短视频吸引。短视频平台上的美食类短视频主要分为4种："探店"、"吃播"、美食教程和乡村生活美食。

6．宠物生活类

宠物生活类短视频以萌宠为主角，精心捕捉它们生活中的每一个精彩瞬间。从宠物日常的嬉戏玩耍到主人与宠物温馨的陪伴时光，再到专业的宠物养护知识分享，这些短视频不仅为观众带来欢笑，更传递了关于责任与关爱的深刻内涵。在短视频平台上，宠物生活类短视频通常分为3类：治愈搞笑类，展现宠物趣味行为；宠物拟人化类，通过创意手法赋予宠物人类情感；纯粹记录宠物生活类，展现宠物与主人的深厚情感。

7．旅拍风景类

旅拍风景类短视频以展示美丽风景为主，通常由摄像机或无人机拍摄而成。这类短视频的特点是视觉效果佳、画面精美，能够让用户感受到美景的魅力。此外，这类短视频还会记录创作者在旅游中的趣事及感受，深受大众喜爱并被广泛传播。

8．影视解说类

影视解说类短视频通过视频剪辑和融入创作者个人理解的视频讲解，将整个电影或剧集剪辑成5分钟或者10分钟左右的短视频。这类短视频可以大大缩短用户对电影、电视剧情节的了解时间，符合当下快节奏的生活方式。影视解说类短视频主要分为三类：影视剪辑/卡点剪辑、影视混剪、影视解说。影视解说短视频的画面其实就来自电影和电视剧，但是创作者在剪辑的时候一定要注意画面与画面之间的"承上启下"，不要使画面突然跳到其他片段画面，否则会让用户有"猝不及防"的感觉，从而影响观看。

9．广告宣传类

广告宣传类短视频主要指宣传片。根据目的和内容的不同，宣传片又可细分为企业宣传片、产品宣传片、公益宣传片等多种类型，它们各具特色，各有侧重。

企业宣传片主要围绕企业的品牌形象进行展示，通常与特定活动紧密关联，如会议、庆典、博览会等，旨在通过内容的精心策划和呈现，进一步提升品牌的知名度和美誉度。

产品宣传片主要对具体产品进行营销与推广。这类短视频制作精良，内容紧凑，能够在有限的时间内充分展示产品的特点和优势，降低宣传成本，同时优化用户与产品之间的交互体验，有效增强产品的宣传效果和市场竞争力。目前，产品宣传片在淘宝、京东、拼多多等电商平台已得到广泛应用，成为企业推广产品、提升销量的重要手段之一。

公益宣传片以非营利性为核心，通过富有创造性和吸引力的内容，直观、简洁地传递社会关怀与人文价值，关注公众普遍关注的社会问题，旨在引起公众的共鸣，倡导新风尚，宣传新观念，促进社会和谐与进步。

分享一则你喜欢的短视频，说一说它属于什么类型。

1.1.4 优质短视频具备的元素

要想制作一个优质的短视频，我们需要知道优质短视频具备的元素。一般来说，优质短视频包括5个元素，下面分别介绍。

1. 标题有创意、亮点

俗话说"题好一半文"，标题占据了文章一半的价值。目前，大多数短视频平台主要通过计算机算法对短视频内容进行推荐，即机器从标题中提取分类关键词进行推荐。在推荐算法机制下，用户每天都会收到数以万计的标签化推荐信息。想要让短视频在信息洪流中脱颖而出，标题就显得尤为重要。因此，我们在写标题的时候，一定要想清楚短视频内容为用户解决的是什么问题，做到标题具体、精确，直击用户痛点。另外，短视频的标题还有两个核心作用，这也是我们写标题时重点参考的方向。

（1）给用户看，让看到的用户点击短视频。标题除了可以简单叙事、概括视频的内容和主旨，还可以设置问题、结合热点，使用有引导作用的词语等来引导用户留言、点赞等，从而提高短视频被推荐的概率。这样的标题可以给用户提供有价值的信息，让用户在点击短视频后有所收获，即在很短的时间内学到很实用的技能。

（2）给平台看，获得平台更多的精准推荐。以抖音为例，其推荐机制是"机器审核＋人工审核"，所以标题首先给机器看，命中标签的概率越高，获得的推荐也会越多。我们在写标题的时候，可以根据自己定位的领域，使用一些常见的行业关键词。例如，定位于护肤领域的账号，可以多在标题里使用"护肤""彩妆""口红"等专属领域的词汇；定位于母婴领域的账号，可以多在标题里使用"宝宝""儿歌""玩具"等专属领域的词汇。这样做会让机器觉得账号属于某一个垂直领域，然后将其短视频推荐给对该领域感兴趣的人，使得推荐更加精准，达到营销目的。建议大家平时有意识地搜集一些自己定位领域的专属词汇。

（3）其他注意事项。

① 避免词汇太专业、冷门、生僻，否则会导致覆盖人群太少，不利于机器识别。如果只有行业内的专业人士能看懂，即使标题很好，点击量也会很低，这会降低机器推荐的概率。

② 善于抛出开放式话题，有意识地引导用户留言互动。如果标题平淡，虽然能被机器识别，但是被推荐之后，无法吸引潜在用户点击，机器认为用户不喜欢该短视频，会降低推荐的概率。

③ 标题字数不要太多。标题字数以15～20字为宜，不超过55个字，展现在手机上为1～2.5行。字数太多，一方面会影响视觉体验，文字挤在一起，不方便用户第一时间获取重要信息；另一方面，抖音的视频展现方式类似于信息流的形式，用户会马上滑过不感兴趣的内容，来不及细看字数多的标题信息。所以，如果不能在2秒之内吸引用户，这个标题就是失败的。

④ 添加热门话题标签，@好友或者官方小助手，也能够在一定程度上增加内容被曝光的机会。

⑤ 适当采用口语化表达。

⑥ 尝试多样的句式。除陈述句式外，多尝试疑问、反问、感叹、设问等句式，引发用户思考，增强其代入感。

⑦ 合理断句。通常来讲，三段式标题居多，其有三点好处：易于用户理解，能减少阅读负担；承载更多内容；层层递进，表述更为清晰。

2．内容有价值、趣味性

当用标题吸引用户点开短视频之后，下一步便要让用户看完短视频。这就要求短视频内容给用户提供价值，使用户从中获取有用的内容；或者富有趣味性，使用户从中获得乐趣，心情愉悦。例如，短视频可以提供新知识、技能或见解，帮助用户学习，或传递有用的信息，满足用户的求知欲或好奇心；通过幽默、搞笑、富有创意的方式带给用户欢乐，或运用情感化的叙述和表现手法，引发用户的情感共鸣。

3．画面清晰

短视频的画质会影响用户的观看体验。短视频即使内容优质，若本身画质不高，也会被用户关掉。目前，手机和单反/微单相机不断推出新品，镜头性能不断提升，拍摄的短视频画面也越来越清晰，很多受欢迎的短视频的画面越来越接近电影，清晰度很高。

4．把控好背景音乐的节奏

短视频本身就是视听结合的内容形式，背景音乐作为短视频的重要组成部分，会影响画面内容和意境的传递，因此音乐风格和短视频内容要相符，动作应尽量对应背景音乐的节奏，使短视频看起来既协调又有重点。在短视频创作初期，我们可以多看一些优秀的短视频作品，这些短视频将背景音乐的节奏把控得很好，值得借鉴和学习。

5．多维度打磨

优质的短视频在构思、表演、拍摄、剪辑和后期加工等过程中经过了多方面的打磨，通常需要一个团队互相配合。在短视频层出不穷的当下，构思巧妙、制作精良的优质短视频更容易获得大众的喜爱。

1.2　主要的短视频平台

目前，主要的短视频平台有抖音、快手、小红书、哔哩哔哩和微信视频号等。下面让我们一起来认识这5个平台。

1.2.1　抖音

抖音隶属于北京抖音信息服务有限公司，是一款于2016年9月上线的音乐创意短视频社交软件。用户可以通过抖音拍摄短视频并上传，让其他用户看到自己的作品，同时用户也可以看到其他用户的作品。

在抖音上线初期，其重点是打磨产品，不断优化产品性能和用户体验，初步寻求市场，这为后期用户爆发式增长打下了基础。

2017年3月，某知名演员转发了一条带有抖音水印短视频的微博，让抖音第一次大规模传播，抖音自此进入了快速增长期，此阶段的重点在推广运营上。由于艺人自带流量，抖音便利用"明星效应"，邀请艺人入驻抖音，并投资多个综艺节目，不断提升知名度；同时，抖音持续优化产品功能和用户体验。2017年8月，抖音国际版TikTok上线。2017年11月，今日头条收购北美音乐短视频社交平台Musical.ly，将其与抖音合并。

2018年春节期间，抖音迅速在全国流行。QuestMobile的数据显示，2018年春节期间，抖音增长了近3000万日活跃用户（Daily Active User，DAU），超越了西瓜视频和火山小视频，最高日活跃用户数达到6646万，抖音在短视频领域具备了一定的潜力与竞争力。2018年3月，抖音将原来的标语"让崇拜从这里开始"更改为"记录美好生活"。随后，抖音与淘宝合作，用户可以在抖音上直播"带货"。2018年6月，抖音日活跃用户数超过1.5亿，月活跃用户数超过3亿。

2020年1月，抖音与火山小视频进行品牌整合升级，火山小视频更名为抖音火山版，并启用全新图标。截至2020年8月，抖音日活跃用户数已破6亿，进入稳定增长阶段。如今，为了满足用户在多种生活场景中的需要，抖音先后推出并完善了直播、社交、电商和搜索等用户服务场景，丰富了用户的日常生活。

到2023年，抖音的用户规模已经实现了新的突破，不仅在国内市场继续保持着领先地位，TikTok也在全球范围内获得了广泛的用户群体。

用户打开抖音之后默认进入"推荐"界面，只需用手指上滑屏幕，就可以播放下一个短视频，短视频内容随机，具有不确定性，更能吸引用户观看，为用户打造沉浸式的体验。抖音能够通过用户看过的短视频内容和形式，利用算法构建用户画像，为用户推荐其感兴趣的内容。

1.2.2　快手

快手是北京快手科技有限公司旗下的产品。2011年3月，GIF快手诞生，这是一款用来制作和分享GIF动图的手机应用；2012年11月，GIF快手从纯粹的工具应用转型为短视频社区应用，供用户记录和分享生活。

2014年11月，快手完成品牌升级，去掉名字中的"GIF"，正式更名为"快手"。随着智能手机的普及和移动流量成本的下降，快手在2015年以后得到快速发展，拓展了市场。2016年，快手增加直播功能，逐渐演变成"短视频＋直播"的双内容平台，这一调整也让快手得到进一步发展。

截至2020年初，快手日活跃用户数超过3亿，库存短视频数超过200亿；截至2020年8月，直播日活跃用户数为1.7亿，电商日活跃用户数为1亿。2020年8月，快手正式收购YTG电竞战队，进军王者荣耀职业联赛。2020年9月，快手进行品牌升级，发布全新标语"拥抱每一种生活"。2023年，快手的全年总收入达1134.7亿元，同比增长20.5%，其中净利润首次超过百亿元，达到102.7亿元。

快手吸引了来自不同地域的用户群体，其中大多是三、四线城市用户及广大农村用户。快手为他们提供了一个分享生活、表达自我和相互交流的平台。近几年，快手也在内容审核和算法上进行了优化，没有采取以艺人为中心的策略，也没有将资源向粉丝较多的用户倾斜，而是致力于让每一个用户获得平等发布短视频的机会。只要用户在快手上发布短视频，其短视频就有可能获得在"发现"板块展示的机会。快手首页的"发现"板块会展示4个短视频封面，用户可以点击自己感兴趣的短视频进行观看。

1.2.3　小红书

小红书是一个生活方式分享平台，由毛文超和瞿芳创立于2013年，目前已经成为众多年轻人分享生活、交流心得的重要场所。根据相关数据，截至2019年1月，小红书的用户数已经超过了2亿，其中"90后"和"95后"是最活跃的用户群体。到2023年，小红书的月活跃用户数已经突破3.12亿。

在小红书上，用户可以通过短视频、图文等多种形式来记录生活点滴，分享自己的经验和见解。

社区每天产生的笔记曝光次数高达数十亿，笔记内容覆盖了时尚、护肤、彩妆、美食、旅行、影视、读书、健身等各个领域。

1.2.4 哔哩哔哩

哔哩哔哩是国内年轻人高度聚集的文化社区和视频平台，早期是一个有关ACG内容创作与分享的视频网站，ACG即动画（Animation）、漫画（Comics）与游戏（Games）。

经过多年的发展，它围绕用户、创作者和内容，构建了一个源源不断产生优质内容的生态系统，成为涵盖多个兴趣圈层的多元文化社区，兼顾大众化视频取向和小众圈用户的特别爱好。哔哩哔哩目前拥有动画、番剧、国创、音乐、游戏、生活、娱乐、知识、时尚等分区，并开设了活动、直播、课堂、新歌热榜等业务板块。

1.2.5 微信视频号

微信视频号是继微信公众号、小程序后又一款微信生态产品。腾讯在短视频越来越受到用户欢迎的背景下推出微信视频号，就是想要补齐自己在短视频领域的短板，借助微信生态的巨大力量突围短视频。

在之前的微信生态中，用户也可以在微信朋友圈发布短视频，但短视频仅限于用户的朋友圈好友观看，属于私域流量。而微信视频号则意味着微信平台成功构建了微信生态的社交公域流量闭环，将短视频的扩散形式改为"朋友圈＋微信群＋个人微信号"的方式，突破了传播限制，让更多的用户可以看到短视频，形成新的流量传播渠道。

> **课堂讨论**
>
> 你最常用的短视频平台是哪个？它为什么吸引你？

1.3 短视频的制作流程

制作一个短视频需要经历怎样的流程呢？下面简单介绍。

1.3.1 前期准备

"工欲善其事，必先利其器。"在拍摄、制作短视频之前，首先需要根据拍摄目的和资金等实际情况准备拍摄设备、组建制作团队等。

1. 准备拍摄设备

要拍摄短视频，拍摄设备是必备的。常见的短视频拍摄设备有手机、单反/微单相机、摄像机等，我们可根据预算选择合适的设备。

为了保证所拍摄短视频的质量，还需要准备一些稳定设备，如三脚架、手持云台等。

收声设备是最容易被忽略的短视频拍摄设备，但短视频是"图像＋声音"的形式，所以收声设备非常重要。收声仅依靠机内话筒是远远不够的，因此我们需要外置话筒，以便增强音效，让音效更好。

灯光设备对于短视频拍摄同样非常重要，因为拍摄以人物为主体的短视频，很多时候都需要用到灯光设备。灯光设备并不算日常短视频录制的必备器材，但是想要获得更高的短视频画质，灯光设备是必不可少的。常见的灯光设备有补光灯、柔光板、柔光箱、反光板等。

2．组建制作团队

短视频领域的竞争越来越激烈，要想短视频在众多作品中脱颖而出，其制作的专业度显得尤为关键。然而，仅凭个人的力量是很难成功的，因此我们需要集结团队的力量，组建一个优秀的制作团队。

（1）编导。编导在整个拍摄、制作过程中起到了非常重要的作用，是整个团队的负责人。首先，编导需要根据短视频的特征确定短视频的风格以及创作内容的方向，具体工作包括选题选择，构思、确定拍摄方案，脚本创作。其次，现场拍摄时，编导要完成场面调度、安排或指挥拍摄等工作，有时候还要扮演摄像师、演员等角色。最后，编导要对文字稿进行审查、修改，向剪辑师阐明自己的创作构思和要求，指导短视频剪辑，等等。这要求编导具有较强的文字表达能力、独立判断能力等。

（2）摄像师。拥有一名优秀的摄像师意味着短视频制作成功了一半。首先，摄像师需要根据脚本内容通过镜头把想要表现的内容表现出来。其次，摄像师应具备基本的拍摄技术，掌握镜头推拉、跟镜头、旋转镜头、甩镜头、镜头升降、晃动镜头等技巧。最后，因为剪辑师非常依赖摄像师拍摄的素材，所以如果摄像师具备一定的剪辑能力，就能有针对性地进行拍摄。因此摄像师在拍摄的时候要善于沟通、善于观察，具有应变能力。

（3）剪辑师。摄像师完成短视频素材的拍摄后，会将其转交给剪辑师。剪辑师需要运用专业的后期软件对这些素材进行深度处理，最终剪辑出一个内容充实、结构紧凑的短视频。剪辑师需要具备较强的逻辑思维能力，对素材进行取舍，取其精华、去其糟粕；还要在众多镜头中找到剪辑的切入点，从而形成剪辑的旋律感，具体做法一般是在短视频的高潮或温馨时刻加入一段符合情景的音乐，这不仅能增强画面的感染力，还能使画面的衔接更加自然。

（4）运营人员。短视频制作完成后，接下来的工作就是将其成功地推广出去，这便需要运营人员来完成。运营人员必须具备较强的沟通能力和写作能力，较强的沟通能力可以保证其与用户的顺利交流，而较强的写作能力则是其在各大短视频平台上推广自己团队作品的有力武器。现在各种类型的短视频层出不穷，运营人员要想让自己团队的作品在其中谋得一席之地，必须有吸引用户的文案。好的文案不仅要求运营人员具备较强的写作能力，还要求其对自身作品与目标用户的需求有足够的了解。理解短视频的内容是进行高效推广的基本要求，只有做到这一点才能保证所吸引的用户大多符合短视频的定位。不同平台上的目标用户想要看的内容有所差异，运营人员需要抓住不同平台用户的特点为其量身打造文案，只有这样才能最大限度地吸引用户。

（5）演员。根据短视频账号的定位和内容形式，演员的类型各不相同，"颜值"高不一定是加分项。对于有故事情节的短视频，演员的表现力和演技才是最重要的；脱口秀类型的短视频需要演员用适当的表情、动作惟妙惟肖地诠释台词；美食类和生活技能类等类型的短视频重在介绍物品，对演员的演技没有太高的要求。

1.3.2　短视频策划

前期准备工作完成后，接下来便正式进入短视频策划流程。在拍摄短视频前，需要按照表1-1所示的内容做好短视频策划工作。

表1-1 短视频策划的步骤及其具体内容

步骤	具体内容
第1步：构建用户画像	做好用户定位，明确短视频的用户群体，如是上班族还是学生，是男士还是女士
第2步：针对目标用户进行选题	选择适合目标用户的短视频主题
第3步：进行内容策划	编写吸引眼球的短视频文案和脚本，清晰地展现短视频所要传达的内容，即明确想向目标用户传递什么信息

第3步里的脚本是拍摄短视频的依据，参与短视频拍摄和剪辑的人员的行为，画面中在什么时间、地点出现什么内容，镜头的运用，景别、景深等都要服从脚本。脚本分为拍摄提纲、文学脚本和分镜头脚本三种类型，下面分别进行介绍。

1. 拍摄提纲

拍摄提纲是为拍摄一个短视频或某些场面而确定的拍摄要点，其为短视频搭建基本框架，只对拍摄内容起提示作用，比较适用于存在不稳定因素的短视频，如新闻类、故事类短视频。

2. 文学脚本

文学脚本基本上列出了所有可控因素以及拍摄思路，仅安排人物需要执行的任务，并没有明确地指出每个镜头所需的时间、运用的景别和背景音乐等，适用于没有故事情节、直接展现画面的短视频，如教学类短视频等。

3. 分镜头脚本

分镜头脚本是将文字转换成立体视听形象的中间媒介，将文学脚本的画面内容加工成一个个形象具体的、可供拍摄的画面镜头，并按顺序列出镜头的镜号。需确定每个镜头的景别，如远景、全景、中景、近景、特写等，并将其排列组成镜头组，说明镜头组接的技巧。同时，要用精练、具体的语言描述要表现的画面内容，必要时借助图形、符号表达。此外，应设计相应镜头组或段落的音乐与音响效果。分镜头脚本的具体形式如表1-2所示。

表1-2 分镜头脚本的具体形式

镜 号	景 别	拍摄方法	时间／秒	画面内容	解说词	音 乐	备 注

1.3.3 短视频拍摄

前期准备和策划都完成之后，就可以开始拍摄工作了。首先，摄像师需要对各类拍摄器材进行深入了解。不同的短视频形式和内容往往需要不同类型的器材来支撑，从高清相机到专业镜头，再到稳定器和灯光设备，每一种器材都有其独特的用途和优势。因此，摄像师需要熟知这些器材的性能和操作方法，以便在实际拍摄中能够快速而准确地挑选出最合适的器材。

除了进行器材的选择，摄像师还需精通各种拍摄方法和技巧。在构图方面，要巧妙运用景别和景深，通过远景、全景、中景、近景和特写的灵活运用，展现出画面的层次感和空间感；在角度设计方面，要善于尝试不同的拍摄角度，如俯拍、仰拍、平拍等，以呈现出多样化的视觉效果；在光线运用方面，要能够根据拍摄环境和主题，合理利用自然光和人造光，营造出理想的氛围和光影效果。

1.3.4　后期剪辑

短视频剪辑是指根据脚本或主题，利用视频剪辑软件对收集或拍摄的视频、音频、图片等素材进行编辑，通过切割、合并、重组等操作，将原始素材处理成一个短小精悍、富有创意的短视频。接下来，我们将介绍短视频剪辑中的几个核心要素，包括节奏的控制、画面的组接、转场的方法。同时，还将介绍两款备受推崇的视频剪辑软件——剪映和Premiere Pro（以下简称Premiere）。

1. 短视频剪辑中的核心要素

（1）节奏的控制

短视频时长虽短，但是也是有一定节奏感的。剪辑节奏主要包括三个方面，一是内容节奏，二是视觉节奏，三是听觉节奏。

a．内容节奏也称为"叙事性节奏"，是由情节发展的内在矛盾冲突或人物情绪起伏变化引起的节奏，如从开心到悲伤、从平静到震惊等，多数情况下还伴随着语言及动作的改变。控制内容节奏，主线需融合高潮与低落的起伏变化，精心布局发展阶段与停顿，营造紧张与松弛交替的感觉。"高潮点张力十足吸引观众，结局圆满解悬且留余味"，这是短视频引人入胜、让人情感共鸣的核心节奏控制。在剪辑时，要当机立断，把冗长、多余的人物对白和画面删除，留下对剧情发展有帮助的精华内容，以免节奏过于拖沓；但也不要为了过分追求精简而大篇幅删减镜头，否则容易造成重要内容丢失，导致剧情不连贯、太跳跃等。

b．视觉节奏是指通过视觉形象表现出来的节奏，表现为影片中主体的运动、表情与动作，摄像机的升降、推拉，后期剪辑中镜头的顺序安排和长短控制，等等。一切依靠视觉形象的张弛、徐疾、远近、长短等交替出现所形成的运动构成了短视频的视觉节奏。

c．听觉节奏是指通过听觉形象表现出来的节奏，表现为短视频中人物的对话、解说、主体与环境交互产生的音效、渲染气氛的音乐等。一切作用于观者听觉的有规律的轻、重、强、弱交替出现的声音层次构成了短视频的听觉节奏。

（2）画面的组接

短视频剪辑并不是将素材掐头去尾地连接起来，也不是将镜头直接组接起来。这样剪辑出来的短视频往往会出现各种各样的问题，如动作衔接不畅、情绪不连贯、时空不合理、剧情衔接缺少镜头和影调色彩无法衔接等。要想避免这些问题，则剪辑需要符合一定的规律，遵循一定的原则。

a．镜头组接要符合逻辑。镜头的组接不是随意的，事物的发展有必然的规律，人们也习惯按这一规律去认识问题、思考问题。因此，镜头的组接要符合事物发展的规律，符合人们的认识和思维逻辑。

b．景别的过渡要自然、合理。在剪辑同一主体的两个相邻镜头时，要将镜头组接得合理、顺畅。景别必须有明显的变化，否则会让观众觉得画面跳帧。切忌将同主体、同景别、同视角的镜头直接组接，否则会使画面无明显变化，好像一个连续的镜头从中间被截去了一段。

c．动接动，静接静。如果画面中同一主体或不同主体的动作是连贯的，则可以让运动镜头接运动镜头，以达到顺畅过渡的目的，我们将之简称为"动接动"。如果两个画面中的主体的动作是不连贯的，或者它们中间有停顿，那么组接这两个镜头时，必须在前一个画面的主体做完一个完整动作停下来后，再接一个以静止画面开始的运动镜头，这就是"静接静"。

d．保持影调、色彩统一。影调是指光线的性质、强弱、投射方向等的不同造成的影像画面在明暗层次上的差异。对于彩色画面来说，除了影调问题，还有可能出现色彩问题。无论是黑白画面还是彩色画面，组接镜头时都应该保持影调、色彩统一。如果把明暗或者色彩对比强烈的两个镜头组接在一起

（除了满足特殊的需要外），就会使人感觉画面生硬和不连贯，影响短视频内容的顺畅表达。

　　e．画面的停留时间要合理。确定每个画面的停留时间时，首先要考虑表达内容的难易程度、观众的接受能力，其次还要考虑画面构图等因素。画面包含的内容不同，远景、中景等画面包含的内容较多，观众需要看清画面中的内容，画面的停留时间就要相对长一些；而近景、特写等画面包含的内容较少，观众只需要较短时间就可看清，所以画面的停留时间可短一些。另外，一个或者一组画面中的其他因素，也会对画面的停留时间起到制约作用。一个画面中，亮度高的部分比亮度低的部分更能引起人们的注意。因此，如果该画面要表现亮的部分，停留时间应该短一些；如果该画面要表现暗的部分，则停留时间应该长一些。在同一个画面中，动的部分比静的部分更能引起人们的注意。因此，如果要重点表现动的部分，画面的停留时间应该短一些；如果要重点表现静的部分，则画面的停留时间应该稍微长一些。

　　（3）转场的方法

　　为了使短视频内容条理性更强、层次更清晰、衔接更自然，在进行场景与场景的转换时，需要运用一定的手法——转场。转场的方法多种多样，归纳起来主要有以下几种。

　　a．淡出淡入。淡出淡入也称"渐隐渐显"，淡出是指上一段落最后一个镜头的画面逐渐隐去直至黑场，淡入是指下一段落第一个镜头的画面逐渐显现直至呈现正常的亮度。淡出淡入往往给观众一种新的场景即将出现的感觉，一般用于大段落间的转换，指明将有一个大的中断，让观众有时间去品味，或者为下面内容的出现做好心理上的准备，或者对刚看到的内容进行一番思考。它也是切入新场景时比较常用的一种转场方法。

　　b．叠化。叠化也称"化出""化入""溶化"，是指前一个镜头的画面与后一个镜头的画面相叠加，前一个镜头的画面逐渐隐去，同时后一个镜头的画面逐渐显现。根据表现内容的需要，叠化的速度可快可慢。叠化具有柔和、自然的特点，一般可用于实现较为缓慢、柔和的时空转换。例如，要表现一段抒情的舞蹈动作，不能直接从一个镜头切到另一个镜头，否则不利于表现舒缓的节奏。如果采用叠化来转场，则两个镜头的重叠部分能够呈现出柔和、舒缓的效果。

　　c．划像。划像可分为"划出"和"划入"两种。划出即前一个画面从某一个方向退出画框，空出的地方则由叠放在"底部"的后一个画面填充；划入则是前一个画面作为衬底在画框中不动，后一个画面由某一方向进入画框，取代前一个画面。划像具有间隔两个场景的作用，能使段落之间的转换比较明显、节奏明快，其效果与叠化的效果相反。因为划像的效果非常明显，所以其一般用于较大的段落之间的场景转换。随着特技手段及各种后期软件的不断开发，划像的方式已经达到上百种，划像图像也多种多样，如星形、圆形等几何图形。但进行划像图形的选择要注意使其贴合短视频的内容、风格。追求过于花哨的效果，或者滥用划像图形，结果会适得其反。

　　d．翻转。翻转是指画面翻过后即是另一个场景。翻转画面可以使场景的转换明确地表现出来，多用于衔接在内容、意义上反差较大的对比性场景，如前一个画面表现低矮的平房，翻转过来变成表现高楼大厦。翻转画面还常用于文艺、体育活动视频的剪辑，可以表现多个场景的文艺演出、体育赛事等。运用这种转场方法组接镜头可使短视频活泼、节奏明快。此外，剪辑文艺晚会的录像时，为了在片头用最短的时间向观众展示演员的阵容、实力，采用翻转是最适宜的。

　　e．闪白/闪黑。闪白有掩盖镜头剪辑点的作用，还能增强视觉上的跳动感，让画面就像产生了光学变化，看起来不单调。同理，闪黑也可以先让暗部"涌"出来。

　　f．定格。定格是将画面中运动的主体突然变成静止状态，使人产生瞬间的视觉停顿，从而强调某一主体形象，或强调某一细节的含义，定格结束后，画面自然转入下一个场景。定格多用于差别较大、不同主题段落间的转换，或用于连续性短视频的片尾。定格能使画面由动变静，会给观众带来较强的视觉冲击，一般经常用到。

　　g．多画屏分割。这种转场方法有"多画屏""多画面""多画格""多银幕"等多种叫法，是近代影片影视艺术中的新手法。它能把屏幕一分为多，可以使双重或多重的情节齐头并进，大大压缩了短视频时长，非常适用于短视频开场、广告创意等。

2．视频剪辑软件

（1）剪映

剪映是一款专业短视频剪辑App，支持用户直接在手机上对拍摄的视频进行剪辑和发布。对于多数只想用短视频来记录生活的用户来说，剪映是不二选择。

剪映具有强大的视频剪辑功能，其剪辑功能非常完善，支持视频变速与倒放，用户使用它可以进行添加音频、识别字幕、添加贴纸、应用滤镜、使用美颜、色度抠图、制作关键帧动画等操作，而且它提供了非常丰富的曲库和贴纸资源等。即使是初学者，也能利用这款工具制作出自己心仪的短视频作品，并且利用剪映制作的短视频，几乎能够发布在所有短视频平台。

剪映支持iOS（由苹果公司开发的移动操作系统，支持iPad、iPhone等移动设备）和Android（中文名为安卓，是一种基于Linux内核的自由且开放源代码的操作系统，广泛应用于智能手机、平板电脑、电视、数码相机和智能手表等多种智能设备）两种移动操作系统。

剪映特别适合使用手机拍摄短视频的用户，同时也非常适合初学者或对简单剪辑有需求的用户。

（2）Premiere

Premiere是由Adobe公司基于Mac和Windows操作系统开发的一款非线性编辑软件，被广泛应用于电视节目制作、广告制作和电影制作等领域，在短视频制作后期的应用也十分广泛。

Premiere是一款专业的视频编辑软件，它提供了大量用于绘图、调色和音频制作的创意工具，使用户能够将素材变为精美视频。

Premiere具有直观易用的界面，支持多轨道编辑，用户可以轻松地对视频、音频、图像等素材进行剪辑、拼接和调整。同时，Premiere提供了丰富的特效和转场效果，可以让用户的视频更加生动有趣。

此外，Premiere还具备强大的渲染和导出功能，用户可以根据自己的需求选择不同的格式和参数导出视频，以满足不同的需求。

Premiere是一款功能强大、操作灵活的视频编辑工具，无论是专业视频编辑师还是初学者，都可以通过它来实现自己的创意和想法，制作出高质量的视频。

1.3.5　发布推广

短视频在制作完成之后就要进行发布。在发布阶段，短视频创作者要做的工作主要包括发布渠道选择、渠道短视频数据监测和发布渠道优化。短视频创作者只有做好这些工作，短视频才能在最短的时间内打入新媒体营销市场，吸引用户，提高短视频创作者的知名度。

1.4　AI技术在短视频中的应用

AI技术的高速发展，为短视频创作带来了全新的可能。下面对AI在短视频中的应用进行简单介绍。

1.4.1　AI技术在短视频内容策划中的应用

（1）利用AI技术精准定位用户画像。通过AI技术分析观众的行为和喜好，可以更好地了解观众需求，从而创作出更符合观众口味的短视频内容。例如，分析观众点赞、评论和分享的行为，了解他们喜欢的短视频主题、风格和表现形式等。

（2）利用AI技术优化视频内容。利用AI技术可以对视频内容进行智能分析和优化。通过分析视频的节奏、画面、音效等因素，找出其中的不足之处，并提出改进建议。这有助于创作者提高视频质量，创作出更优秀的短视频作品。

1.4.2　AI技术在短视频制作中的应用

（1）视频剪辑与合成。AI技术可以帮助创作者快速、准确地完成视频剪辑与合成工作。通过AI算法，可以自动识别视频中的不同元素，并将其分类、组织成完整的视频作品。这极大提高了剪辑效率，为创作者节省了大量时间。

（2）智能滤镜与美颜功能。利用AI技术，可以为短视频添加各种滤镜效果，提升视觉美感。同时，AI美颜功能还可以自动识别人脸特征，提供自然、真实的美颜效果。

（3）智能配音与字幕生成。AI语音技术可以自动将文字转化为语音，为短视频添加配音。同时，AI还可以根据视频内容自动生成字幕，方便观众理解视频内容。

（4）虚拟角色与场景生成。利用AI技术，可以快速生成虚拟角色和场景，为短视频创作提供更多的可能性。虚拟角色可以呈现出逼真的表情和动作，而虚拟场景则可以为观众带来沉浸式的观看体验。

1.4.3　AI技术在短视频发布与推广中的应用

（1）智能分发。利用AI内容分析工具，可以根据不同内容的特点和目标受众，智能选择最合适的传播渠道。此外，使用AI时间序列分析工具，可以预测最佳发布时间，提高内容的曝光率和观看率。

（2）社交媒体互动。利用AI互动技术，可以为观众提供更加丰富的互动形式，如弹幕、评论等。这些功能可以增加观众的参与感和黏性，提升短视频的传播效果。

▍思考与练习

一、单选题

1. 以下不属于短视频特征的有（　　）。
   A. 时长短　　　　　　　　B. 传播速度慢
   C. 形式多样　　　　　　　D. 制作流程简单
2. （　　）短视频会记录创作者在旅游中的趣事及感受。
   A. 旅拍风景类　　　　　　B. 人物写真类
   C. 生活日常类　　　　　　D. 知识科普类

3. 以下不属于优质短视频的元素的是（　　　）。

　　A. 吸睛的标题　　　　　　　　　B. 清晰的画面

　　C. 掌控声画关系　　　　　　　　D. 有价值、趣味性的内容

二、填空题

1. 短视频是继（　　　）、（　　　）、（　　　）之后新兴的一种内容传播载体。

2. （　　　）是指光线的性质、强弱、投射方向等的不同造成的影像画面在明暗层次上的差异。

3. 为了使短视频内容条理性更强、层次更清晰、衔接更自然，在进行场景与场景的转换时，需要运用一定的手法——（　　　）。

三、判断题

1. 目前，主要的短视频平台有抖音、快手、小红书、哔哩哔哩和微信视频号等。（　　　）

2. Premiere具有直观易用的界面，支持多轨道编辑，用户可以轻松地对视频、音频、图像等素材进行剪辑、拼接和调整。（　　　）

3. 镜头的组接要符合事物发展的规律，符合人们的认识和思维逻辑。（　　　）

四、简答题

1. 简述常见的短视频类型。

2. 简述短视频制作团队包含的关键角色。

3. 简述短视频画面组接的原则。

五、实操题

1. 任选一个短视频App，观看不同账号的美食分享类短视频，分析其特点。

2. 撰写一个校园日常短视频的脚本。

第 2 章

短视频策划

本章导读

　　一个优质的短视频账号应该明确目标用户，精准确定目标用户的需求，持续不断地输出优质内容，并找到合适的短视频展现形式，从而打造出高质量的短视频内容。

学习目标

1. 了解短视频的用户定位
2. 熟悉短视频的展现形式
3. 掌握短视频选题策划的方法
4. 掌握短视频内容策划的方法

2.1　短视频的用户定位

不同的短视频账号针对的目标用户是不同的，如美食、美妆、游戏、旅游以及萌宠等各垂直领域都有自己的受众群体。短视频创作者要想获得成功，就不要想着吸引所有用户的目光，而是要确定目标用户，了解目标用户的偏好，挖掘其需求，从而实现精准定位。

2.1.1　用户信息数据分类

进行短视频用户定位、构建用户画像的第一步是对用户信息数据进行分类。用户信息数据分为静态信息数据和动态信息数据两大类，如图2-1所示。

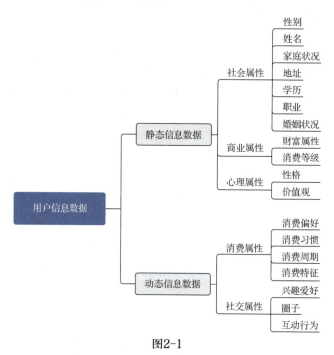

图2-1

静态信息数据是进行用户定位和构建用户画像的基本框架，展现的是用户的固有属性，一般包含社会属性、商业属性和心理属性等信息。尽管这些信息范围广泛且难以穷尽，但短视频创作者只要选取符合需求的信息即可。

动态信息数据是指用户的网络行为数据，如消费属性和社交属性等。在选择这类信息时，也要使其符合短视频的内容定位。

2.1.2　获取用户信息

短视频创作者要想获取用户信息，需要统计和分析大量样本，再加上用户基本信息的重合度较高，为了节省时间和精力，可以通过相关服务网站获取用户的信息数据，如灰豚数据。

灰豚数据是一个新媒体数据分析平台，它为短视频创作者提供了全方位的数据查询、用户画像和视频检测服务，从而为短视频创作者的内容创作和用户运营提供数据支持。目前，灰豚数据分为抖系版、红薯版，图2-2所示为在灰豚数据抖系版中查看某个美食类短视频达人账号粉丝分析的详情页。在这里可以查看该达人短视频账号的粉丝画像，如性别分布、年龄分布、省份分布、粉丝活跃时间分布等。

图2-2

短视频创作者可以选取几个与自己账号所属领域相同的账号，统计其用户信息后进行归类，这样基本上就可以确定自己账号所属领域的用户情况。

2.1.3 形成用户画像

整合搜集到的用户信息，可以形成用户画像，具体示例如下。

性别：女性用户占比为80%以上，男性用户占比低。

年龄：18～23岁用户占比为28%左右，24～30岁用户占比为33%左右，31～40岁用户占比为32%左右，40岁以上用户占比为7%左右。

地域：河南、山东、广东的用户占比较高。

活跃时间：以18:00—19:00为主。

感兴趣的美食话题：被推荐到首页的各种美食类内容。

关注账号的条件：画面精美，产品适合自己的需求，账号持续推出优质内容。

点赞的条件：内容有价值，超出用户的期待值。

评论的条件：内容有争议，能够引起用户的共鸣。

取消关注的原因：内容质量下滑，不符合用户预期，更新太慢。

用户的其他特征：喜欢美妆、"探店"、旅游等，喜欢家居生活分享类短视频。

2.1.4 确定使用场景

如果只了解用户信息，短视频创作者还不能形成对用户的全面了解，应该将用户信息融入一定场景，才能更加具体地体会用户的真实感受，还原用户形象。确定用户的使用场景可以使用经典的"5W1H"法，如表2-1所示。

表2-1 "5W1H"法

要素	含义
Who	短视频用户
When	观看短视频的时间
Where	观看短视频的地点
What	观看什么样的短视频

续表

要素	含义
Why	某项行为背后的动机，如点赞、关注和评论等
How	将用户的动态和静态场景相结合，洞察用户的具体使用场景

2.1.5 设计使用模板

与用户沟通，短视频创作者要提前准备好模板，防止调查访问时由于措辞不当或者提问顺序变化而对用户造成影响，导致研究结论出现偏差。这一模板要按照用户的动态信息数据和用户的使用场景来设计，具体的设计要依据自身想要获取的信息来进行。以搞笑类短视频为例，动态场景使用模板如表2-2所示。

表2-2 动态场景使用模板

问题	调研内容
常用的短视频平台	
使用频率	
活跃时段	
周活跃时长	
使用短视频平台的地点	
感兴趣的搞笑话题	
在什么情况下关注账号	
在什么情况下点赞	
在什么情况下评论	
在什么情况下取消关注	
用户的其他特征	

在进行调查访问时，用户如被问到对某个短视频的感受或者为何关注某个短视频账号，很可能无法说出对短视频创作者有价值的答案。因此，短视频创作者要学会充当引导者和倾听者，在用户讲述时一步步引导用户并在用户回答时认真倾听，了解他们在做出某个决定时的心态，找到他们点赞、评论短视频和关注短视频账号的原因。

2.2 短视频的选题策划

在做好用户定位的基础上，策划短视频选题尤为重要，如同写文章一样，主题会影响短视频的打开率和阅读率。确定目标用户后，围绕目标用户关注的话题，发散思维，迅速找到更多的内容方向，有针对性地实现精准信息的传达和转化。

2.2.1 选题策划的5个维度

很多短视频创作者在初期不知道从何处入手，没有选题思路。在这种情况下，我们可以从"人、具、粮、法、环"这5个维度出发来进行选题策划，具体如表2-3所示。

表2-3 选题策划的5个维度

维度	具体说明
人	是指人物，即被摄主体是谁、是什么身份、有什么基本属性、属于什么社会群体等，可以根据年龄、身份、职业和兴趣爱好等划分
具	是指工具和设备，即拍摄需要的工具和设备。如被摄主体为一名大学生，需要用到书包、课本、笔等
粮	是指精神食粮，如图书、电影、电视剧、音乐等。将这些分析透彻之后才能了解用户需求，从而有针对性地制作出满足用户需求的短视频
法	是指方式方法，如大学生学习的方法，跟老师、同学交流的方法
环	是指环境，短视频剧情内容不同，需要的拍摄环境也不相同。要根据剧情选择能够满足拍摄要求的环境，如学校、办公室、餐厅等

只要围绕以上5个维度进行梳理，就可以做出二级、三级，甚至更多层级的选题树，层级越多，拍摄的思路越丰富。以一位喜欢美妆类短视频的女性为例，相关的选题树如图2-3所示。

需要注意的是，制作并拓展选题树并不是一朝一夕的事情，需要日积月累，这样选题树延展出来的选题内容才会越来越多。

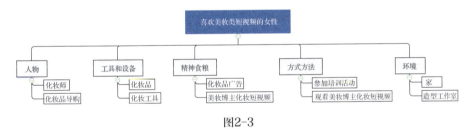

图2-3

2.2.2 选题策划的基本原则

不管短视频的选题内容是什么，短视频创作者都要遵循一定的基本原则，并将其落实到短视频创作中。下面介绍选题策划的几个基本原则。

1. 以用户为中心

关于选题，首先要注意的是，选题内容要以用户的需求为前提，不能脱离用户。想要短视频有较高的播放量，必须考虑用户的喜好、痛点和需求，越是贴近用户的内容越能够得到他们的认可，获得越高的关注度和播放量。

2. 注重价值输出

选题内容一定要有价值，要向用户输出干货，使用户看了之后有收获。选题内容要有创意，以促使用户点赞、评论和转发等，让用户主动分享，扩散传播，从而达到裂变传播的效果。

3. 保证内容的垂直度

在确定进入某一领域之后，就不要再轻易更换了。短视频创作者需要在所选领域中做到垂直细分，增强账号在专业领域的影响力。选题内容变来变去会导致短视频内容垂直度不够、用户不精准。因此，短视频创作者要在所选领域长期输出优质内容，保证内容的垂直度。

4. 选题内容紧跟行业或网络热点

选题内容要紧跟行业或网络热点，这样才能使短视频在短时间内得到大量的曝光，从而快速增加短视频的播放量，吸引用户关注、增加粉丝。因此，短视频创作者要关注热门事件，善于捕捉热点、解释热点。但也并非所有的热点都可以紧跟，如涉及时政、军事等领域的热点，若跟进不恰当的热点，会有违规甚至被封号的风险。

5. 远离平台敏感词汇

当前，有关部门正在加强对短视频平台的管理，不断出台相关法律法规，而且每个短视频平台都对敏感词汇做出了规定。因此，短视频创作者要了解并遵循相关法律法规和平台规则，不要为了博眼球而使用夸张或者敏感词汇，以免出现违规情况。

6. 增强用户的互动性

在策划短视频选题时，可以结合热点事件，多选择一些互动性强的话题，如在有关端午节的短视频中，可以问大家喜欢吃什么馅的粽子、喜欢吃甜粽子还是咸粽子等，这样就可以引导用户留言，增强其互动性。也可以在短视频中穿插一些话题，引起大家讨论，从而吸引用户评论。

2.2.3 获取素材的途径

要想持续输出优质内容，保证短视频账号正常运营，短视频创作者需要进行素材储备，建立选题库。素材指的是短视频创作者从现实生活中搜集到的、未经整理加工的、感性的、分散的原始材料。如果短视频创作者拥有丰富的素材储备，加上自身的创作灵感，再结合网络热点，就可以快速创作出优质的短视频。

获取素材的途径有很多，主要有以下几种。

1. 创造个人生活体验

艺术源于生活，每个人的生活都是独一无二的，充满了丰富的情感和多样的经历。通过回想自己的成长历程、工作中的挑战与成就、日常生活中的"小确幸"或烦恼，可以提炼出许多有深度的选题素材。这些素材因为源自真实的生活体验，蕴含着丰富的情感价值和思考空间，所以更贴近人心，容易引起共鸣。

2. 观看影视作品

短视频创作者可以通过观看影视作品，对经典影视作品的台词和桥段进行剪辑并加上自己的理解和看法，作为短视频内容的素材。这样不仅能搜集到素材，还可以学习优秀影视作品讲故事的方法、剪辑的节奏和技巧。

3．阅读

短视频创作者可以阅读书籍、报纸、杂志等，其中的故事也是很好的素材。

4．分析同领域短视频创作者的选题

短视频创作者可以分析同领域短视频创作者的选题，并对其进行整合，从而获得灵感和思路，拓宽选题范围。

5．运用互联网平台

短视频创作者可以从各大咨询网站、社交平台热门榜单中搜索热点，如微博热搜、抖音热点和百度风云榜等。另外，短视频创作者还可以通过新榜网站，获取同领域其他短视频创作者的账号数据。

2.2.4　切入选题的3种方法

确定选题以后，短视频创作者可能会发现该选题与同领域很多账号的内容相似。对于相似的选题，用户往往有喜新厌旧的心理，喜欢才出现的新颖内容，但看多了类似的内容也会产生审美疲劳。因此为了避免内容同质化，短视频创作者可以选择不同的切入点，让用户获得新鲜感，这样才有可能制造具有吸引力的话题。

如果对同领域其他账号的研究足够细致、深入，短视频创作者就能对其经常采用的短视频形式了如指掌，这时便可以找到与其不同的切入点。在切入选题时，可以采用以下方法。

1．以兴趣为支撑

兴趣是最好的老师，如果短视频创作者对某一领域有着浓厚的兴趣，兴趣就可以支撑其在这个领域深耕，持续产出优质内容，并逐渐深化。但是只有兴趣是不够的，短视频创作者还需要有专业能力，这样才能保证制作的短视频内容专业、优质。

2．及时调整选题

万事开头难，短视频创作者在刚开始制作短视频时，可能会走一段错误的路。一般来说，短视频创作者要先持续发布作品10天以上，密切关注数据变化，衡量短视频制作成本与短视频播放量、账户粉丝量的对比情况，以此来做预估和调整，从而把握账号的走向和市场情况；然后判断是按照既定的选题继续创作，还是改变选题方向或者内容形式。

3．关注用户需求

短视频创作者可以通过问卷调查、社交媒体互动等方式，了解目标观众的需求和兴趣点。根据调研结果调整选题方向和切入点，确保内容贴近用户心理。

2.3　短视频的内容策划

在"内容为主"的时代，能够真正打动用户的内容才能得到用户的青睐，才属于优质的内容。进行短视频的内容策划要从用户需求出发，用优质的内容来获得用户的信赖和喜爱。要想制作优质的短视

频，就要做到深度垂直细分内容，保证内容的个性和价值，为用户提供干货，触动用户痛点，并持续输出内容。

2.3.1 内容的垂直细分

第一财经商业数据中心（CBNData）的调查报告显示，垂直化正成为短视频内容生产的趋势。如今，短视频已经从之前的"野蛮生长"向精耕细作转变，流于表面的短视频不容易让用户记住，而那些具备垂直度且有深度的短视频内容才会在用户的脑海里留下印象。这种趋势要求短视频创作者专注某一领域深耕，凸显自己的特点，提高自己的辨识度，让用户更容易记住自己。

2-1　内容的垂直细分

那么什么是垂直呢？下面来了解一下。

垂直指的是短视频内容和领域是一致的，并且账号一直输出的是同一种内容。如果账号今天输出的是搞笑的段子，明天输出的是美食内容，后天输出的是健身内容，就说明这并不是一个垂直类账号。一直输出一个领域内容的账号才是垂直类账号，吸引的用户才会更精准。

垂直类账号的名称也很重要，应该可以让用户一眼看出账号的定位。短视频创作者可以直接以自己的名字或者昵称作为账号的名称，如"张三Vlog""A先生-智能家居""兔子哥爱跑酷"等；如果不使用名字或者昵称，也可以使用与内容相关的名称，让用户一看就知道账号的内容定位，如"PS干货""美食日记""旅行摄影攻略"等。

如何创作垂直内容呢？下面来了解一下。

1. 确定核心目标用户

创作垂直内容最常见的方法就是确定核心目标用户。短视频创作者要创作出可以直击目标用户痛点的内容，然后通过持续输出符合其特质的内容来增强其黏性。例如，美妆类短视频的目标用户是年轻、爱化妆的女性，健身类短视频的目标用户是需要减肥、健身的群体。

2. 聚焦主题场景

短视频创作者可以根据主题场景进行纵向挖掘，在内容表达上突出场景化。例如，"职场美食探索家"聚焦在办公室做美食的场景，"城市脉动捕捉者"的短视频场景则聚焦于街道、马路。

3. 打造生活方式

增强目标用户的黏性除了要确定核心目标用户并聚焦主题场景之外，短视频创作者还要为用户打造一种理想的、愿意追随的生活方式。例如，"桃源深处有人家"的短视频让人有种置身于古代田园的感觉。在现代社会快节奏的生活中，这种短视频恰恰满足了人们追求传统、回归自然的精神需求。

4. 保证内容稳定、持续、有新意

保证内容稳定、持续、有新意是短视频制作的基本要求。

短视频创作者要保持题材的连续性、一贯性，要保证选题相对稳定，避免内容短缺或者内容不精彩等问题。

保证内容有新意也非常重要。从某种程度上说，短视频作为网生内容（"网生"指的是网络时代

下产生的内容形式），之所以有强大的生命力，就在于它不断地被赋予新意。如果短视频创作者进入缺乏创意的阶段，没有持续的创新能力和自我颠覆能力，就会陷入疲态，粉丝也会降低期待值甚至取消关注。

垂直细分的短视频有何优势呢？

1. 收获精准用户

当前，用户对短视频的内容要求越来越高，越来越重视群体归属感和情感认同感，逐渐分化成一个又一个的小圈子。从这个角度看，垂直深耕的短视频更容易收获精准用户，更容易满足用户的娱乐需求、专业知识需求等。

2. 长尾效应

从人们需求的角度来看，分布在头部的需求是大多数人都会产生的，而分布在尾部的需求是个性化的、零散的，这部分少量的需求在需求曲线上表现为一条长长的"尾巴"，如图2-4所示。长尾效应就是强调"个性化""用户力量""小利润、大市场"，我们将市场细分到很细、很小的时候，就会发现这些细小市场会带来明显的长尾效应。以图书市场为例，Barnes&Noble的上架书目平均为13万种，而Amazon超过一半的销售量都来自其排行榜上13万名开外的图书。这个案例说明，短视频创作者要找准垂直领域，细分用户市场，抓住利基市场，做到长线发展。

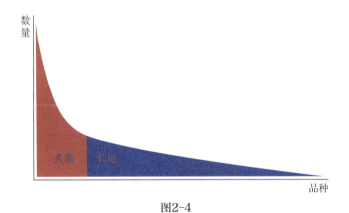

图2-4

3. 易于变现

垂直类短视频不但内容更加精准，而且有更大的商业潜力。优秀的垂直领域的短视频创作者能够专心创作出优质的内容，展现给用户专业的形象，然后借助现有平台，通过广告、赞助、电商等方式获得商业利益。例如，某母婴垂直类短视频账号发布了一个推荐奶粉的短视频，其播放量仅为10万次，却产生了1.5万元的订单，商业转化率高达15%；某酒水垂直类短视频账号，已更新800多个酒类短视频，靠着某酒类品牌大约6000位会员的持续消费，年流水超过2500万元。

对于短视频来说，深度垂直是一个趋势，而细分则是在垂直行业板块中再挑选主要的业务进行深度发展。细分短视频市场就好比切蛋糕，方式有很多种，可以横着切，也可以竖着切。例如，服装类是垂直类，女性服装是垂直细分，18～25岁的女性就是深度垂直细分。一个针对钓鱼爱好者做专业鱼竿测评的抖音账号，其粉丝较多。据媒体报道，该账号的钓鱼周边小店的年营业收入达到了100万元，其中83%源自粉丝购买。

2.3.2　内容的分类标签

标签基本代表了内容的定位，是凸显自己的短视频与众不同的东西。

在策划短视频内容的过程中，短视频创作者要想方设法地为自己制作的短视频赋予个人特色，并一直保持。这种特色会成为短视频的一个标签，让用户谈论到相关领域的话题时就想到相应的短视频。

在为短视频内容贴标签的时候，短视频创作者需要注意以下事项。

（1）为短视频内容贴标签不是一蹴而就的事情。首先要从自身的兴趣爱好和实际情况出发，然后根据自己的特点和长处筛选特质。在此过程中，一定要投入大量的时间，针对每一种可能进行策划和实践，最后根据数据确定自己与众不同的记忆点并不断深化，强化自身标签。

（2）短视频内容只需1～2个标签，不要追求全面。因为短视频时长短，这决定了其不可能像电影、电视剧那样塑造一个饱满的形象，而是需要提炼出最突出的特质，给用户留下深刻印象。

（3）一旦确定了标签，就不要随意更改，这样才能在用户心中形成一个具体稳定的形象。在紧跟热点时，也要先考虑该热点与标签是否相关，不要盲目追求热点。

（4）标签要通过在特定的场景中发生的事件来体现。短视频创作者可以通过环境、人物关系等因素来强化标签。

（5）在打造标签时，短视频创作者要从用户的角度出发，使用户产生强烈的情感共鸣，去掉用户不感兴趣甚至排斥的标签，增强短视频内容对用户的吸引力。

2.3.3　内容的价值、意义

优质的短视频能满足用户需求，关键的一点在于其内容具有价值。在碎片化时间里，用户只会关注对自身有价值的短视频，很少将时间浪费在对自身无益的短视频上。因此，要想提高短视频的播放量，就要体现出短视频内容的价值。短视频内容的价值主要体现在哪些方面？下面来了解一下。

1．为用户提供知识

短视频行业涌现出越来越多分享知识、传播知识的内容创作者，他们是拥有知识、热爱分享、熟谙技巧的科普达人，他们分享的优质内容满足了用户对知识的需求。其实每个用户都有求知欲，都需要在生活和工作中不断地学习新知识，学习新技能，而短视频平台的兴起让知识的生产主体从精英拓展至大众，不仅让知识更加场景化，还进一步实现了知识普惠、知识分享和知识共创。短视频打破了用户学习知识的时空限制，他们可以利用业余时间随时随地进行学习。

2．为用户提供趣味内容

随着人们生活节奏的加快，其压力也越来越大，因此，绝大多数用户观看短视频是为了寻找乐趣、放松心情、缓解压力。

短视频的内容要有幽默感，向用户传递乐观、积极向上的生活态度。在各大短视频平台上，通常是轻松娱乐类短视频占据热门榜的大部分，这主要是因为在当今这个快节奏的社会，带有趣味性的短视频可以在很大程度上缓解人们的精神压力，所以保持内容的趣味性也成为短视频内容策划需要遵循的原则之一。

研究机构对用户选择观看短视频的动机的调查表明，大多数用户倾向于观看有趣的内容，而那些备受欢迎的头部账号内容在本质上都具有娱乐性，不管是段子类短视频，还是知识类短视频，都可以给用户带来愉悦、轻松的感官体验。

3. 激发用户的积极情感

情感性也是短视频内容价值的体现。优质的短视频内容一般都具有与感动、搞笑、励志、震撼、治愈和解压等有关的因素，这些因素是用户内心想法的折射和情感的体现，可以激发用户的积极情感。

2.3.4　寻找和分析用户痛点

用户痛点是短视频的原动力，只有当用户有需求时，对应短视频才会出现。用户需求是产品的起跑线，也是短视频账号能够持续长久发展的内在动力。如果对用户痛点洞察不深入，那么短视频账号在发展过程中只能越跑越偏。很多短视频创作者找不到用户痛点，不是因为信息不足，而是因为没有有效整理和利用信息。一般可以从下面三个角度来寻找和分析用户痛点。

1. 深度

深度是指短视频创作者不断探索并满足用户深层次的、具有延展性的本质需求。为了持续吸引用户并满足他们日益增长的需求，短视频创作者需要不断挖掘用户的本质需求。例如，对于美食类短视频，用户最初可能只是出于好奇，想要了解一些独特或有趣的饮食体验。然而，随着时间的推移，单一的内容可能无法再满足用户的期望。此时，短视频创作者需要深入分析用户的潜在需求，比如用户可能渴望了解更多关于不同地域的美食文化，或者想要学习新的烹饪技巧。为了满足这些需求，短视频创作者可以通过"探店"或探索更多美食的吃法和做法来拓展内容，为用户提供更加多样化和深入的体验。这样不仅能解决用户"想吃又不知道吃什么"的痛点，还能让他们感受到短视频创作者的用心和专业，从而帮助短视频创作者获得用户的支持和持续关注。

2. 细度

细度是指短视频创作者对用户痛点的精准识别与细致划分。在细分用户的痛点时，可以按照以下步骤进行。

（1）对垂直领域进行一级细分，如将摄影细分为纪实摄影、风光摄影、人像摄影、商业摄影、新闻摄影等。

（2）在（1）的基础上再做细分，如将人像摄影细分为婚纱摄影、个人写真、儿童摄影等。

（3）在（2）的基础上确定目标对象。如果目标对象是育儿家庭，则他们会对儿童摄影更感兴趣。

（4）以（3）为基础确定一级痛点。如育儿家庭的痛点是不知道如何对不能积极配合的儿童进行拍摄，并充分体现儿童天真活泼的特点。

3. 强度

强度是指用户对于解决痛点的迫切性和重要性的感知，以及他们为此所表现出的积极行动和投入。如果能够找到用户的高强度痛点，短视频成为"爆款"的概率就会很大。高强度痛点是指用户主动寻找解决途径，甚至付出高成本也要解决的痛点。短视频创作者要及时发现这些痛点，给用户反馈的渠道，或者在短视频评论区仔细分析用户评论，从中寻找其急切需要解决的痛点。

2.4　短视频的展现形式

2-2　短视频的展现形式

当做好用户定位、完成选题策划和内容策划之后，还需要确定短视频的展现形式。

不同风格的短视频，其展现形式也是不同的。短视频的展现形式决定了用户会通过什么方式记住短视频的账号和内容。比较常见的短视频展现形式有图文形式、解说形式、口播形式、情景剧形式和 Vlog 形式等。

2.4.1 图文形式

图文形式是最简单、成本最低的短视频展现形式。在短视频平台上，用户经常可以看到，有的短视频只有一张底图或者影视剧经典片段的截图，图中配有励志类或情感类文字，并配有合适的音乐。这种形式的短视频在抖音等短视频平台上很流行，但由于图文形式的短视频没有人设，没有办法植入产品，因此变现能力比较差。

2.4.2 解说形式

解说形式的短视频是由短视频创作者搜集视频素材，进行剪辑加工，然后加上片头、片尾、字幕和背景音乐等，自己配音解说制成的。其中最常见的是影视剧类解说短视频。制作影视剧类解说短视频首先要选好题材，因为影视剧有很多类型，至于是制作爱情片、恐怖片还是喜剧片的解说短视频，需要提前定好；然后准备文案，影视剧类解说短视频的文案很重要，因为故事情节大都要通过文案表现出来；之后录音，解说有一定的节奏感才能受到更多用户的青睐；完成录音之后就要开始剪辑了，将录制好的解说音频剪辑到短视频中，一个影视剧类解说短视频就制作完成了。

2.4.3 口播形式

口播形式的短视频是通过语言表达将内容传达给用户的，其特点是简短、直观、生动。相比于文字、图片等其他的表达方式，口播更能够激发用户的兴趣，取得更好的传播效果。口播形式的短视频在教育、新闻报道、宣传推广等领域得到广泛应用。

2.4.4 情景剧形式

情景剧形式的短视频以其独特的魅力，通过演员的表演将核心主题生动地展现出来。这种形式的短视频创作挑战最大，成本也相对较高。前期，精心策划的脚本是基石，它要求短视频创作者深入探索并提炼主题；同时，拍摄场景的设计至关重要，摄像师需掌握精湛的拍摄技巧，以捕捉每一个细腻的瞬间；到了后期，短视频创作者需要通过精细的视频剪辑，将情节、人物和主题融为一体，形成一部完整且引人入胜的作品。

情景剧形式的短视频不仅拥有紧凑的情节和鲜明的人物形象，更能够精准地传达主题，触动用户的内心，引发用户强烈的情感共鸣。在短短的时间内，它们能够迅速吸引用户的关注。诸多成功案例均展示了其剧情设计的巧妙与情节的跌宕起伏，使用户在欣赏的过程中体验到强烈的情感波动，从而建立起与账号的情感联系。

2.4.5 Vlog形式

随着短视频的兴起，越来越多的人，尤其是年轻人开始拍摄 Vlog。拍摄这种形式的短视频就像写日记，只不过是用影像代替了文字和照片。Vlog的制作不应仅仅是对日常生活的简单记录（即避免成为流水账），而应当围绕一个清晰明确的主题展开，如旅游Vlog、留学Vlog、健身Vlog等。此外，短视频创作者还要注重脚本，提前构思好重要的镜头，适当设计情节；拍摄时，注重拍摄效果，可以多运用一些专业的视频拍摄技巧；后期制作时，做好转场特效，保证叙事流畅。这样拍出的短视频很容易抓住用户的眼球，受到大众的喜爱。

课堂讨论

分享一条你喜欢的短视频，并说一说它的展现形式是什么。

思考与练习

一、单选题

1. 勾画用户画像时，想要确定用户的使用场景，可以采用经典的（　　）法。
   A．"5W2H"　　　B．"5W1H"　　　C．"3W1H"　　　D．"4W2H"
2. 以下关于短视频选题策划的基本原则的描述中，不正确的是（　　）。
   A．以用户为中心　　　　　　　B．保证内容的垂直度
   C．避开网络热点　　　　　　　D．远离平台敏感词汇
3. 以下不属于短视频内容展现形式的是（　　）。
   A．图文形式　　　B．解说形式　　　C．情景剧形式　　　D．文艺写真

二、填空题

1. 用户信息数据分为（　　）和（　　）两大类。
2. 短视频创作者要了解并遵循相关（　　）和（　　），不要为了博眼球而使用夸张或者敏感词汇，以免出现违规情况（　　）。
3. 短视频选题策划的5个维度是（　　）、（　　）、（　　）、（　　）、（　　）。

三、判断题

1. 灰豚数据是一个新媒体数据分析平台，它为短视频创作者提供了全方位的数据查询、用户画像和视频检测服务。（　　）
2. 在策划短视频选题时，可以结合热点事件，多选择一些互动性强的话题。（　　）
3. 标签基本代表了内容的定位，是凸显自己的短视频与众不同的东西。（　　）

四、简答题

1. 简述短视频选题策划的5个维度。
2. 简述短视频切入选题的3种方法。
3. 简述短视频常用的5种展现方式。

五、实操题

1. 以喜欢制作美食的博主为例制作选题树。
2. 以热爱旅行的博主为例制作选题树。

第 **3** 章

短视频拍摄

本章导读

　　短视频拍摄是一项实操性大于理论性的工作。短视频创作者不仅要选择合适的拍摄设备，还要熟练运用各种拍摄技巧，如合理选择构图方法、景别、光位、运镜技巧等来完成拍摄。

学习目标

1. 熟悉短视频拍摄所需设备
2. 熟悉短视频拍摄前的准备工作
3. 掌握短视频画面构图与用光技巧
4. 掌握短视频拍摄中的运镜技巧
5. 掌握短视频拍摄设备的使用技巧

3.1　短视频拍摄所需设备

"工欲善其事，必先利其器。"短视频拍摄需要用到各种设备，因此短视频创作者在拍摄之前要选择合适的拍摄设备。选择拍摄设备的首要标准就是拍摄设备要与所拍摄的短视频相匹配，合适的拍摄设备可以让短视频创作者在拍摄过程中更加得心应手。短视频拍摄涉及的设备比较多，可以按照不同的团队规模和预算来选择。

3.1.1　拍摄设备

短视频的拍摄设备主要有手机、微单/单反相机、无人机。

1．手机

随着智能手机的普及和摄像技术的发展，以及短视频平台功能的日趋完善，短视频创作者直接用手机就能拍摄短视频，并上传至短视频平台。

手机作为短视频拍摄设备具有以下几点优势。

（1）方便携带。手机的最大特点是体积小、重量轻，方便携带，用户可随时随地使用手机进行拍摄。精彩的瞬间稍纵即逝，我们只有抓拍才能够将其记录下来，而手机正是因为其便捷性和灵活性，让我们能够轻松地捕捉生活的每一个瞬间。

（2）拍摄简单。用手机拍摄短视频操作简单，易于上手。用户只需要点击相应的按钮即可完成拍摄，拍摄完成后，手机会自动将拍摄的短视频保存到默认的视频文件夹中。

（3）美颜功能强大。手机中的视频拍摄App通常都具有强大的美颜功能，包括美白、磨皮、瘦脸、滤镜等，用户直接选择需要的功能进行拍摄，可省去后期编辑的麻烦。

（4）易于分享短视频。手机拍摄的短视频直接存储在手机中，用户可以直接通过相关App来对其进行后期编辑，在编辑完成后还可直接发布。

但是，相对于专业的摄像设备，手机的拍摄质量不高。如果光线不好，手机拍出来的画面容易出现较多噪点。对于刚进入短视频行业且没有多少预算的新人来说，推荐使用手机拍摄。

2．微单/单反相机

团队发展到一定规模之后，会面向更广大的用户，对短视频的要求也会越来越高，这时便需要考虑使用更专业的设备，如微单/单反相机。

与手机相比，微单/单反相机拥有以下几点优势。

（1）传感器大。传感器的大小对于成像质量非常重要，传感器越大，成像质量越好，画面越细腻。微单/单反相机的传感器通常比手机的传感器大得多，能够捕捉更多的光线，从而生成质量更好的图像。

（2）镜头质量好。微单/单反相机的镜头通常比手机的镜头更好，可以捕捉更多的细节、更丰富的色彩，并生成更清晰的图像。例如，由于镜头设计和光学性能的差异，即使使用相同的光圈设置，用手机拍摄的画面背景虚化效果也远没有用微单/单反相机拍摄的好。

（3）可更换镜头。微单/单反相机支持更换镜头，它们具有庞大的镜头群——从超长焦、长焦到超广角，有很广的焦距范围可供选择，能满足多样的拍摄需求。而手机可供选择的焦距范围相比微单/单反相机要窄得多。

（4）控制性能强。微单/单反相机通常提供更多的手动控制选项，如快门速度、光圈和感光度，这使得用户可以根据不同的条件进行调整，从而获得更好的图像。手机通常具有较少的手动控制选项，因此用户可能无法获得理想的图像。

微单与单反相机的区别如下。

单反相机（见图3-1）采用光学取景结构，机身内部有反光镜和五棱镜，因此体积较大、较重。微单相机（见图3-2）是继单反相机之后出现的一种新型相机，它的特征体现在相机结构的简化上——采用电子取景结构，机身内部没有反光镜和五棱镜，因此体积更小、更轻便。

微单和单反相机都有各自的优点和适用场景。在日常拍摄和旅行拍摄中，微单是不错的选择。它们相对于单反相机而言更轻便、更易携带，而且往往具备更快的自动对焦速度、更快的连拍速度和更高的视频拍摄质量。然而，对于需要更高级别的拍摄功能或需要更好的镜头系统支持的用户，单反相机可能是更好的选择。单反相机具有更大的感光元件和更多的手动控制选项，这使得它们能够提供更高质量的图像和更强的拍摄灵活性。此外，目前单反相机的镜头系统和配件选择要比微单更加丰富。因此，对于对短视频影像有极高要求的专业人士而言，高端单反相机则是更好的选择。

图3-1　　　　　　　　图3-2

3. 无人机

现在无人机也被广泛应用于短视频拍摄，在很多影视作品中都可以看到无人机拍摄的镜头。如果团队中的摄像人员具备相应能力，且团队的运营资金也较为充足，那么可以考虑增加无人机作为短视频的拍摄设备。

无人机由机体和遥控器两部分组成。机体带有摄像头或高性能摄像机，可以完成视频拍摄的任务；遥控器则主要负责控制机体飞行和摄像，并可以连接手机，实时监控并保存拍摄的视频，如图3-3所示。

图3-3

无人机作为短视频拍摄设备具有以下几点优势。

（1）独特的视角。无人机可以摆脱传统拍摄设备所受的海拔和区域限制，以一种独特的视角俯瞰地面，更加容易展现大自然的恢宏壮阔，可一键实现航拍、全景拍摄等。

（2）突破空间限制。作为"会飞的照相机"，无人机可以突破空间的限制，飞到想去但是去不了的地方。无人机的爬升力较强，它可在短时间内完成从低海拔爬升至几百米高空的飞行任务，还可在没有障碍物的情况下实现超低空拍摄。

（3）拍摄效果好。无人机的优势更多地表现在视频拍摄上，无人机可以拍出电影中常见的炫酷场景或富有冲击力的画面。

3.1.2　稳定设备

　　短视频拍摄对于稳定设备的要求非常高。不管是使用手机还是微单或单反相机拍摄短视频，为了保证画面稳定、清晰，都需要借助稳定设备。常用的稳定设备有自拍杆、手机支架、三脚架和独脚架、稳定器等。

1.　自拍杆

　　自拍杆作为手机自拍最常使用的设备，不仅可以让手机离身体更远，使镜头纳入更多的拍摄内容，还可以有效保证手机的稳定性。有些自拍杆使用起来很方便，其下边的把手可以变成小三脚架，如图3-4所示，还有些自拍杆的把手位置有一个开始录制的按键。

2.　手机支架

　　手机支架可以解放拍摄者的双手，被固定在桌子上时还能防止手机掉落或滑动，如图3-5所示。手机支架适用于拍摄时双手需要做其他事情的短视频创作者。

图3-4　　　　　　　　　　　　图3-5

3.　三脚架和独脚架

　　对于短视频创作者来说，一个人拍摄时，三脚架和独脚架几乎是不可或缺的设备，它们可以防止镜头晃动造成的短视频画面模糊。

　　手机拍摄短视频所用的三脚架大概分为两种：一种是桌面三脚架，比较适合美妆、推荐好物，以及手工制作、写字和画画等短视频的拍摄，如图3-6左所示；另一种是地面三脚架，比较适合街拍、旅游等短视频的拍摄，如图3-6右所示。

图3-6

微单/单反相机拍摄短视频所用的三脚架大概分为两种：一种是小巧轻便的桌面三脚架，如图3-7左所示；另一种是用于拍摄视频的专业三脚架，可以通过独有的液压云台进行顺滑，稳定的左右、上下摇动拍摄，如图3-7右所示。

相对于传统三脚架而言，独脚架在携带和使用上更加方便、灵活，如图3-8所示。在使用较重的长焦镜头时，独脚架可以用来减轻拍摄者手持设备的劳累感，而且稳定性优于手持。独脚架多用于拍摄体育类、动物类短视频。

图3-7   图3-8

4．稳定器

在室外拍摄人物运动，如走路、奔跑、玩滑板等画面时，如果拍摄者徒手拿着手机、微单/单反相机，拍摄出来的画面会模糊。因此，我们需要在拍摄设备上安装稳定器。稳定器可以分为手机稳定器（见图3-9）、微单稳定器和单反相机稳定器（见图3-10）。

图3-9   图3-10

5．摇臂

全景镜头、连续镜头和多角度镜头等镜头的拍摄大多需要借助摇臂完成。对于摄像师来说，熟悉操控摇臂已经成为必须掌握的技巧。摇臂不仅能让拍摄出的画面更多元化，还丰富了摄像师的拍摄方式，帮助摄像师利用不同的拍摄手法，拍摄出令人印象深刻的画面，提高视频的制作水平，呈现出精彩的视频内容。摇臂拥有长臂优势，可以拍摄到其他摄像机捕捉不到的镜头。短视频拍摄一般不需要用到拍摄电影、电视剧所用的大型摇臂，小型摇臂就可以满足拍摄需求，其优点是价格实惠、操作简单、性价比高。小型摇臂如图3-11所示。

6．滑轨

摄像师使用滑轨对拍摄设备进行平移、前推和后推等操作，能使画面更具动感。目前，摄像滑轨主要分为手动和电动两种：手动滑轨操作简单，摄像师只需要用手轻轻推动它就可以完成拍摄；电动滑轨可以由电子程序控制，也可以声动控制速度。电动滑轨如图3-12所示。

图3-11   图3-12

3.1.3　灯光设备

灯光造就了影像画面的立体感，是影像拍摄中的基本要素。为了精准控制并创造出理想的光影效果，选择合适的灯光设备至关重要。

1. LED 环形补光灯

手机短视频拍摄最常用的灯光设备是LED环形补光灯，它基于高亮的光源与独特的环形设计，使人物面部受光均匀，更有立体感，让皮肤更显白皙、光滑。LED环形补光灯外置柔光罩，能让高亮的光线更加柔和、均匀。其顶部与底部中央位置均设计有热靴座，可用于固定化妆镜、手机等配件，如图3-13所示。

2. 柔光箱和柔光伞

柔光箱（见图3-14）和柔光伞（见图3-15）也是常见的灯光设备。柔光箱将光线在内部充分柔化后发射出来，其产生的光线基本可以认为是平行光。柔光伞主要是通过降低光源的直射强度制造出柔和的对比。

图3-13   图3-14   图3-15

3.1.4　录音设备

短视频由图像和声音结合而成，图像虽然重要，但声音也是不可或缺的。拍摄短视频的时候我们会发现，不管是用手机拍摄还是用微单/单反相机拍摄，收音效果都比较差，人声跟环境杂音混合在一起，因此仅依靠机内话筒是远远不够的，还需要外置话筒。例如，拍摄情景短剧类的短视频，若在拍摄过程中无法有效收音，到后期制作时就会非常麻烦，因此需要用外置的话筒单独收音，或者让演员戴着话筒同步收音。最常见的话筒包括无线话筒，又称"小蜜蜂"，如图3-16所示；还包括指向性话筒，也就是一般常见的机顶话筒，如图3-17所示。

图3-16   图3-17

需要注意的是，短视频创作者应根据短视频拍摄的需要和资金预算选择合适的设备，并不是一定要购买所有的短视频拍摄设备。

课堂讨论

新手拍短视频可以优先选择哪些拍摄设备？原因是什么？

3.2 短视频的拍摄技巧

短视频创作者要想提高自己的拍摄水平，拍出比较好的短视频，需要掌握构图、景别、景深、拍摄角度、光线和运镜等方面的技巧。

3.2.1 画面构图的设计

相信很多短视频创作者在观看制作精良的短视频时都会有这样的困惑：人家的作品时长有限，却有电影的效果，而自己从拍摄到剪辑对各个细节都精心把关，为什么作品却很难达到这种效果呢？其中一个很重要的原因就是不会构图。如果前期的构图工作没做好，那么即使画质再好，剪辑再完美，短视频依然无法给人震撼的感觉。对于短视频来说，构图是表现作品内容的重要因素。

3-1 画面构图的设计

短视频创作者应运用镜头的成像特征和摄影手法，在主题明确、主次分明的情况下，组成一定的画面。好的构图能让短视频画面更富有表现力和艺术感染力。

1. 短视频画面的基本元素

短视频画面由主体、陪体和环境3种基本元素构成。

（1）主体。主体就是画面中的主要表现对象，它既是画面的内容中心，又是画面的结构中心，还是吸引眼球的视觉中心。主体既可以是一个对象，又可以是几个对象；可以是一个人，也可以是一棵树。无论主体是什么，都要保证突出。一般来说，突出主体的方法有两种：一种是直接突出主体，让主体处于画面中突出的位置，再配合适当的光线和拍摄手法，使之更为引人注目，如图3-18所示；另一种是间接表现主体，就是通过对环境的渲染来烘托主体，这时主体不一定要占据画面的大部分，但会处于比较显眼的位置，如图3-19所示。

图3-18

图3-19

（2）陪体。陪体的主要作用就是给主体做陪衬，突出主体。如果主体是一朵红花，那么陪体就是绿叶。有陪体的衬托，整幅画面会更加生动、活泼。需要注意的是，陪体不能喧宾夺主。在图3-20中，主体为人物，旁边的气球为陪体。

（3）环境。在画面中，除了主体和陪体外，有些元素作为环境的组成部分，对主体、情节起一定的烘托作用，可以增强主体的表现力。环境包括前景和背景两个部分：处在主体前面的环境称为前景；处在主体后的环境称为背景。在图3-21中，画面中的前景是虚化的花朵，背景是远山。

图3-20

图3-21

2. 构图的基本原则

构图能够塑造画面造型，表现节奏和韵律，是短视频美学空间性的直接体现。恰当的构图可使画面有更强的表现力，使短视频的主题和内容尽可能获得完美呈现。在构图的过程中，摄像师只有了解构图的一些基本原则，才能拍摄出优秀的短视频。

（1）立意明确。构图是为主题思想和创作意图创造结构形式的过程，要想构图出色，必须深入构思。也就是说，每个镜头所要传达的思想内容必须是非常明确而集中的，切忌模棱两可，而应以鲜明的构图形式反映出凝练的主题和立意。

（2）构图简洁。"简"即简单，谐音"减"，即运用减法。"洁"即整洁，谐音"结"，即明晰的结构。简洁首先意味着简单，要想构图简洁，需要处理好主体、陪体和环境的关系。我们可以运用减法，如内容减法，即将所有与主题不相关的元素都尽量从画面中删除，使背景自然、干净，从而突出主体。简洁的另一个含义是整洁，也就是说，画面中的所有元素要错落有致，影像元素之间不能有不恰当的粘连，如一个人的头上"长出"一根电线杆或一棵树。因此，摄像师既要牢牢地盯住主体，又要尽量避开妨碍主体的多余之物，确保构图简洁明快，切实强化所拍摄镜头的逻辑性、构图的合理性。

（3）构图均衡。均衡是形成良好构图的一个重要原则，构图均衡的画面能在视觉上产生形式美感。简单来说，均衡是指画面在线条、形状、明暗、色彩等方面达到协调，是一幅画面协调完整、富有美感的决定因素之一。均衡不是平均，而是让人感觉到画面稳定，既不头重脚轻，又不左右失衡；均衡也不是绝对对称，绝对对称的画面常常给人沉闷感，而均衡的画面不会在视觉上引起不适。要达到构图均衡，需要让画面中的形状、颜色和明暗区域相互呼应。

3．常见的构图方法

虽然短视频拍摄的是动态画面，摄影拍摄的是静止画面，但二者本质上并没有区别。在短视频拍摄的过程中，不论是移动镜头还是静止镜头，拍摄的画面实际上都是由多个静止画面组合而成的，因此摄影中的一些构图方法也同样适用于短视频拍摄。以下是常见的构图方法。

（1）中心构图。中心构图就是将主体放在画面的中心。这种构图方法的最大优点就在于主体突出、明确，而且可使画面达到左右平衡的效果。在采用中心构图的画面中，主体由于位于中间，所以非常容易被识别，而且能起到聚焦的作用，观众一眼就能看到，如图3-22所示。另外，中心构图非常适合表现物体的对称性。

（2）对称构图。对称构图是将画面分成对称的两部分，给观众平衡、稳定的感觉。对称构图可以突出主体的结构，一般用于建筑的拍摄，如图3-23所示。需要注意的是，在使用对称构图时，并不讲究完全对称，做到形式上的对称即可。

图3-22

图3-23

（3）三分构图。三分构图是将画面分为三等份，然后将要表现的主体放在任意一条分割线上的构图方法。三分构图可以分为纵向三分构图（见图3-24）和横向三分构图（见图3-25）。在实际拍摄中，使用三分构图并非一定要将主体精确地安排在分割线上，位置略微偏一些也是可以的。

图3-24

图3-25

（4）九宫格构图。九宫格构图可以看作三分构图的进阶版，它结合了纵向三分构图和横向三分构图中的4条分割线，将画面分为九等份。运用九宫格构图时，可以将要表现的主体安排在4个交叉点中的任意一个上来重点突出。在图3-26中，汽车被安排在右下角的交叉点上，可以迅速吸引观者的视线。

（5）三角形构图。三角形构图以3个视觉中心作为景物的主要位置，形成一个稳定的三角形，画面给人以安定、均衡、踏实之感，同时又不失灵活性。这种三角形可以是正三角形，也可以是斜三角形或倒三角形，其中，斜三角形较为常用，也较为灵活。三角形构图具有安定、均衡但不失灵活的特点，如图3-27所示。

图3-26

图3-27

（6）引导线构图。引导线构图就是利用线条将观众的视线引向画面想要表现的主体。引导线可以是河流、车流、光线投影、长廊、街道、一串灯笼、车厢等。只要是有方向的、连续的且能起到引导视线作用的点或线，都可以称为引导线。以下是常见的引导线构图形式。

① 斜线构图。斜线会带来不稳定感，利用这一特性，可以拍出具有动感的画面，如图3-28所示。斜线构图常用来表现人物的情绪。图3-29利用人物肢体动作形成斜线构图。

图3-28

图3-29

② 曲线构图。曲线可以起到柔化画面的作用，常见的曲线形态有S形曲线和C形曲线。S形曲线常见于弯曲延绵的河流和小路以及人物的肢体形态；C形曲线常见于海岸湖泊的岸线、建筑的弧面等。图3-30利用呈S形的道路形成曲线构图，这样既柔化了画面，又增强了空间感。

③ 汇聚线构图。汇聚线构图通过使多条线条向同一位置汇聚的方式来引导观众将视线集中至主体上，从而有效突出主体。另外，利用汇聚线构图可以有效增强画面的空间感。可以运用汇聚线构图的场景很多，如马路、火车轨道、狭窄的小巷等。图3-31利用墙壁、台阶及扶手形成了汇聚线构图，既突出了主体人物，又有效延伸了画面空间。

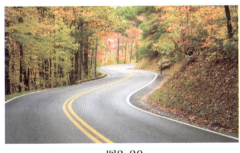

图3-30

图3-31

（7）框架构图。利用场景中的一些元素对主体的包围，可以形成框架构图，起到引导视线的作用。常见的框架有花枝、窗户、门框、回廊立柱等。这种构图方式很独特，在场景中布置或利用框架，可将观众的视线引向主体，如图3-32所示。在环境杂乱的地方，利用前景作为框架可以遮挡画面中的部分区域，避免画面过分凌乱，使主体更为突出，如图3-33所示。

图3-32

图3-33

（8）留白。留白能很好地突出主体，给观众留下更多的想象空间。留白不等于空白，它可以是单一色调的背景，可以是干净的天空、路面、水面、雾气、草原、虚化了的景物等，如图3-34所示。留白还可以延伸画面空间，如图3-35所示。

图3-34

图3-35

3.2.2 景别和景深的运用

景别和景深是两个不同的概念，景别是被摄主体在画面中呈现的范围，景深是在画面中能呈现为相对清晰影像的景物空间的深度范围。恰当运用景别和景深，可以提升画面的表现力。

1. 运用景别营造不同的空间表现

景别是指在焦距一定时，摄像机与被摄主体的距离不同，而造成被摄主体在摄像机取景器中所呈现出的范围大小的区别。景别一般可分为5种，由远至近分别为远景、全景、中景、近景、特写。在电影拍摄中，导演和摄像师利用场面调度和镜头调度，交替使用不同的景别，可以使影片在剧情的发展、人物思想感情的表达、人物关系的处理上更具有表现力，从而增强影片的艺术感染力。

（1）远景。远景常用于表现广阔的场面，如自然景色、盛大的群众活动等，如图3-36所示。远景提供的视野宽广，以表现环境气势为主，人物在其中显得极小。在电影拍摄中，远景常用来展示事件发生的环境等，并在抒发情感、渲染气氛方面发挥作用。由于远景镜头包含的内容较多，观众看清画面所需时间也相对较长，因此远景镜头的时长一般不应少于10秒。

（2）全景。全景用于表现人物的全身或场景的全貌，如图3-37所示。在短视频中，全景用于表现人物之间、人与环境之间的关系。为使观众看清画面，全景镜头的时长一般不应少于6秒。

图3-36

（3）中景。中景用于表现人物膝部以上的部位或局部场景，如图3-38所示。运用中景能使观众看清人物上身的形体动作和表情，有利于交代人物之间、人与事物之间的关系。中景是表现表演场面的常用景别，常被用作叙事性的描写。在一部影片中，中景占有较大的比例。导演和摄像师在处理中景时应注意使人物和镜头调度富于变化，做到构图新颖、优美。

图3-37

图3-38

（4）近景。近景用于表现人物胸部以上或物体的局部，如图3-39所示。运用近景时，观众可以看清人物的面部表情和细微动作，仿佛置身于场景中。

（5）特写。特写用于表现人物肩部以上的部位或某些细节，如图3-40所示。运用特写可突出人或物。特写镜头往往能将演员细微的表情和某一瞬间的心理活动传达给观众，常被用来细腻地刻画人物性格、表现情绪。特写有时也用来突出某一物体的细节，揭示其特定含义。特写是电影中刻画人物、描写细节的独特表现手段，是电影艺术区别于戏剧艺术的特点之一。如果用焦距为35毫米以下的广角镜头拍摄，还可获得夸张的人物肖像效果。

图3-39

图3-40

特写在影片中可以起到类似音乐中重音的作用，特写镜头一般时长较短，在视觉上贴近观众，容易给人以视觉上、心理上的强烈冲击。特写与其他景别结合使用时，会通过长短、强弱、远近的变化形成蒙太奇节奏。特写镜头具有极其鲜明、强烈的视觉效果，在一部影片中不宜滥用。在影片中，还常常使用特写镜头作为转场手段。

2. 运用景深控制画面的层次变化

当镜头对着被摄主体完成聚焦后，被摄主体与其前后的景物间有一个清晰的范围，这个范围称为景深。因为景深内画面的清晰程度不一样，所以景深又被分为浅景深、深景深：浅景深，背景模糊；深景深，背景清晰。浅景深可以有效突出被摄主体，通常在拍摄近景和特写镜头时采用；深景深则起到交代环境的作用，表现被摄主体与周围环境及光线之间的关系，通常在拍摄自然风光、大场景和建筑等时采用。

光圈、焦距以及镜头到被摄主体的距离是影响景深的3个重要因素：光圈越大（光圈值越小），景深越浅（背景越模糊），反之景深越深（背景越清晰）；焦距越大，景深越浅，反之景深越深；被摄主体离镜头越近，景深越浅，反之景深越深。

　　景深的作用主要表现在两个方面：表现被摄主体的深度（层次感）、突出被摄主体。景深能增强画面的纵深感和空间感，如物体在同一条线上有规律且远近不同地排列着，呈现出大小、虚实的不同，让画面的空间感、纵深感变得非常强。突出被摄主体应该是景深最受人喜欢的作用了。当背景杂乱、被摄主体不突出时，如果直接拍摄，画面将毫无美感，而使用浅景深将背景模糊，便可以有效突出被摄主体。

> **📖 课堂讨论**
>
> 　　在拍摄会议场景时，可以通过调整光圈和焦距来控制景深。如果想展示整个会议室的氛围和人物关系，应怎样调整光圈和焦距，使整个画面都保持清晰？如果只想突出会议室内的某一个人，应怎样调整光圈和焦距，使其他人和场景保持模糊？

3.2.3　拍摄角度的选择

　　拍摄角度是影响画面构成效果的重要因素之一，拍摄角度的变化会导致画面的主体与陪体、前景与背景及各方面因素的变化。在相同场景中采用不同角度拍摄的画面所表达出来的情感是完全不同的。在拍摄过程中，摄像师要根据需要表达的情感选择拍摄角度。拍摄角度包括拍摄方向、拍摄高度和拍摄距离，其中，拍摄距离在3.2.2小节中已经讲过，下面介绍拍摄方向和拍摄高度对画面的影响。

3-2　拍摄角度的选择

1. 拍摄方向

　　拍摄方向是指以被摄主体为中心，在同一水平面上围绕被摄主体选择摄影点，即平常所说的前、后、左、右或者正面、正侧面、斜侧面和背面方向，此处只介绍后4个方向。在拍摄距离和拍摄高度不变的条件下，以不同的拍摄方向拍摄可展现被摄主体不同的形象，以及主体与陪体、主体与环境的变化。

　　（1）正面方向。正面方向即通常所说的正前方，是指摄像头对着被摄主体的正前方拍摄。正面方向有利于表现被摄主体的正面特征，一般来说，化妆教程、"开箱"、推荐好物等类型的短视频经常采用这个拍摄方向。采用正面方向拍摄可以看到画面中人物的完整面部特征及神情，如图3-41所示，有利于画面中人物与观众面对面地交流，增强了亲切感。由于涉及被摄主体的横向线条容易与取景框的水平边框平行，所以正面方向很适合用于拍摄建筑，展现庄重、静穆的氛围以及对称的结构。但是，采用正面方向拍摄会使画面缺少立体感和空间感，不利于表现运动场景，而且大量的平行线条会影响画面构图的艺术性。

　　（2）正侧面方向。正侧面方向是指摄像头对着被摄主体的正左或正右方拍摄，如图3-42所示。正侧面方向用于拍摄人物有其独特之处。一是正侧面方向有助于突出人物正侧面的轮廓，容易表现人物的面部轮廓和姿态。拍摄人与人之间的对话情景时，若想在画面中展示双方的神情、彼此的位置，正侧面方向常常能够照顾周全，不致顾此失彼。在拍摄会谈、会见等双方有交流的场景时，常常采用这个拍摄方向。二是正侧面方向由于能较完美地表现运动物体的动作，显示其运动中的轮廓，展现出其运动的特点，因此常用来拍摄体育比赛等以表现运动为主的场景。当然，正侧面方向也有不足之处，那就是它不利于表现立体空间。

　　（3）斜侧面方向。斜侧面方向是指摄像头的拍摄方向与被摄主体的正面方向呈一定的夹角，即通常我们所说的左前方、右前方及左后方、右后方，但前两者与后两者给人的视觉感受有较大差异，主要集中体现在"前"与"后"的关系上。斜侧面方向有利于展现被摄主体的立体形态，使画面具有较强的立体感。前斜侧方向与人们通常交流和观察时的视角相同，是观众观看时比较适应的方向，如图3-43所示；后斜侧方向在表现人物等有明显方向的被摄主体及其运动时，可以引导观众的视线向画面内部延伸，如图3-44所示。

图3-41

图3-42

图3-43

图3-44

（4）背面方向。背面方向是指摄像头在被摄主体的正后方进行拍摄，可以展示被摄主体的背面特征，如图3-45所示。背面方向有时也可用于改变被摄主体、陪体的位置关系，可以使观众产生参与感，使被摄主体的前方成为画面重心。很多展示现场氛围的画面采用背面方向拍摄，给人以强烈的现场感。许多新闻摄像记者采用这个拍摄方向进行追踪式采访，拍摄的画面具有很强的现场纪实效果。在采用背面方向拍摄人物时，观众看不到人物的表情，只能根据肢体动作和环境背景来猜测人物的心理活动，所以这个拍摄方向能够给人思考和联想的空间，引起观众的好奇心和兴趣。

图3-45

2. 拍摄高度

拍摄高度是指摄像头与被摄主体在垂直面的相对位置和高度，常见的拍摄高度有4种，包括平拍、仰拍、俯拍及顶拍。不同的拍摄高度可以产生不同的构图效果，采用何种拍摄高度需要根据实际情况来定。

（1）平拍。平拍是指摄像头与被摄主体保持平行。平拍符合人的视觉习惯，可以真实还原被摄主体各个部分的比例，适用于拍摄人物或建筑。以拍摄人物为例，平拍时保持摄像头与人物的头部齐平，可以保证人物的面部不变形，获得真实的画面效果。采用平拍角度拍摄出的画面，给人平静、稳定的视觉感受。但是，平拍会使画面的空间层次表现较为平淡，通常需要依靠背景的布置或道具创造画面的纵深感与层次感。图3-46为平拍的画面效果。

图3-46

（2）仰拍。仰拍是指摄像头从低处向上对着被摄主体进行拍摄。而这种自下而上的大角度拍摄方式能使被摄主体产生下宽上窄的畸变效果。仰视角度越大，被摄主体的畸变效果就越夸张，带来的视觉冲击力也就越强；如果想要增强畸变效果，还可以将摄像头靠近被摄主体进行拍摄。

仰拍时，镜头边缘会出现拉伸变形的现象，受这一特性的影响，在采用低角度拍摄人物时，会拍出许多人追求的大长腿，如图3-47所示。仰拍建筑的好处是能把建筑物拍得更高，能避开人群的干扰，并且可以很好地利用天空作为背景，让画面看起来干净整洁，如图3-48所示。

图3-47   图3-48

（3）俯拍。俯拍是指摄像头的拍摄位置高于被摄主体，这种拍摄方式可以让更多的元素进入画面中，营造出一种纵观全局的视觉效果。俯拍可以获得更宽广的视野，带来视觉收缩感，适合表现大场景。在采用俯拍角度拍摄短视频时，摄像头离被摄主体越远，拍摄视角就越大，画面内的景物元素也就越丰富，如图3-49所示。

（4）顶拍。顶拍是指摄像头近似于与地面垂直，从被摄主体上方自上而下进行拍摄的角度。这种角度改变了人们正常观察事物时的视角，导致画面各部分的构图有较大的变化，会给观众带来强烈的视觉冲击。图3-50为顶拍的画面效果。

图3-49   图3-50

3.2.4 光线的选取

在短视频拍摄的过程中，摄像师时时刻刻都在与光线打交道。画家借助不同颜色的画笔创作一幅画作，摄像师则是运用不同强度、色彩和角度的光线呈现一个场景。如果摄像师能够巧妙地利用光线拍摄出赏心悦目、令观众印象深刻的画面，从而提高短视频的内容质量，便能吸引观众的注意。

1. 不同光质的运用

光质是指拍摄所用光线的软硬性质，可分为硬质和软质。

（1）硬质光

硬质光即强烈的直射光，如晴天的阳光，或者直接照射在人或物体上的人造光，如闪光灯的光、照明灯光等。

被摄主体在硬质光的照射下有明显的受光面、背光面，能产生清晰、浓重的投影，可以形成明暗对比强烈的造型效果，展现清晰的轮廓形态，如图3-51所示。硬质光够将物体的质感很好地表现出来，会给观众带来一种明了的感觉，通常用于拍摄汽车、电子产品类短视频。

（2）软质光

软质光也叫柔光，是一种漫散射性质的光，没有明确的方向，如阴天、雨天、雾天的天空光，或者经过柔光罩柔化的灯光等。

在软质光下拍摄出的短视频画面没有明显的受光面、背光面和投影关系，在视觉上明暗反差小，影调平和，如图3-52所示。利用这种光线拍摄短视频时，能够将被摄主体细腻的质感、丰富的层次、真实的色彩表现出来，但会使被摄主体的立体感不足。

图3-51

图3-52

2. 不同光位的运用

光位是指光源相对于被摄主体的位置，即光线的方向和角度。同一被摄主体在不同的光位下会产生不同的明暗效果。常见的光位有顺光、逆光、侧光、顶光和底光等。

（1）顺光。顺光是指从被拍摄主体的前方照射过来的光线，可以分为正面顺光和侧面顺光两种。在顺光下，被摄主体受到均匀的照明，其阴影被自身遮挡住，影调比较柔和。利用顺光能拍出被摄主体表面的质地，比较真实地还原被摄主体的色彩，如图3-53所示。顺光的缺点是画面的色调和影调只能靠被摄主体自身的色阶来营造，画面缺乏层次和光影变化，空间立体感也较弱，艺术气氛不强，但我们可以通过画面中的线条和

图3-53

形状来凸显透视感，从而突出画面的主体。

（2）逆光。逆光是指从被摄主体的背面投射过来的光线。逆光拍摄可以拍出朦胧柔和的光感氛围，能够清晰地勾勒出被摄主体的轮廓。在逆光的场景下，被摄主体的发丝更明显、更漂亮，身体的轮廓也呈现出来，整个人物显得更立体，如图3-54所示。另外，在拍摄风光时，运用逆光可以捕捉红霞如染、云海蒸腾的场景，引发强烈的共鸣，使作品的意境更深远。在这种光线下，当背景得到准确曝光时，主体会呈现出剪影效果。

（3）侧光。侧光是指从侧面射向被摄主体的光线。侧光能使被摄主体有明显的受光面和背光面，产生清晰的轮廓，也会在被摄主体上形成明显的阴影，使被摄主体有较强的层次感和立体感。侧光又可细分为前侧光、正侧光和侧逆光。

① 前侧光。当光线的照射方向与拍摄方向呈45°左右的角度时，这种光线被称为前侧光。这种光线比较符合人们日常的视觉习惯，同时能带来反差适中的明暗对比，让画面更有层次感。在拍摄风光、建筑、人像等题材时，经常会用到前侧光。在人像拍摄中，使用前侧光可以让人物的皮肤看起来更加细腻，面部更显瘦，如图3-55所示。

图3-54

图3-55

② 正侧光。正侧光通常是指90°侧光，光线从被摄主体的左侧或右侧照射过来。90°侧光非常适合用来表现被摄主体的质感、轮廓、形状和纹理，是拍摄建筑、特殊影调的人像和具有纹理的物体的理想光线，如图3-56所示。但使用侧逆光拍摄人像时，要注意控制光线，避免拍出"阴阳脸"。

③ 侧逆光。当光线从被摄主体的后侧方照射过来，与拍摄方向呈135°左右的角度时，这种光线称为侧逆光。这种光线让被摄主体的背光面较大，受光面较小，因此具有很强的表现力。摄像师可以通过拍摄角度和光线强弱的选取，来调节被摄主体的受光面和背光面的比例关系，以达到想要的效果，如图3-57所示。注意，使用侧逆光拍摄人像时，会得到美丽的轮廓，但会造成人物面部过暗，因此需要使用反光板为面部补光。

图3-56

图3-57

（4）顶光和底光

① 顶光。顶光是指从被摄主体的顶部照射下来的光线。最具代表性的顶光就是正午的阳光，这种光线使被摄主体凸出来的部分较亮，凹进去的部分较暗，比如它会使人物的额头、颧骨、鼻子等凸出的部位被照亮，而眼睛、鼻子下方等凹处出现阴影。顶光通常用来反映人物的特殊精神面貌，如憔悴、缺

少活力的状态等。顶光也常用于拍摄美食类短视频。

② 底光。底光是指从被摄主体下方发出的光线，通常用于拍摄透明类产品、电子产品等，也会用来营造阴森、恐怖的氛围。底光更多出现在舞台戏剧照明中，低角度的反光板、广场的地灯、桥下水流的反光等也带有底光的性质。

📖 课堂讨论

在人像类短视频拍摄中，光线运用的重要性体现在哪里？又是如何体现出来的？

3．三灯布光法

光线根据其在画面中的不同作用，可以分为主光、辅助光、轮廓光、环境光、修饰光等。下面介绍基础的三灯布光法，三灯包括主灯、辅灯和轮廓灯，如图3-58所示。

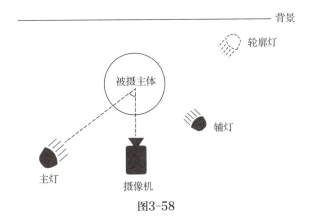

图3-58

（1）主灯

主灯是拍摄环境中的主要光源，主灯发出的光即为主光。例如，室外主光通常来自太阳，室内主光主要是窗外充足的光线或者来自各种人造灯具。主光的作用是照亮被摄主体，主灯通常放置在被摄主体前侧方，并且主光与被摄主体和摄像机形成的夹角为45°～90°。

需要注意的是，主光越向侧面移动，在人物脸上形成的光影效果就越具有戏剧性。主光最理想的状态是与被摄主体和摄像机形成的夹角为45°，并且主光略微高于被摄主体，这样主光会在人物鼻子侧面与眼下形成一块明显的三角形阴影，使人物的面部具有立体感。由于欧洲古典画家伦勃朗经常在他的人像绘画作品中使用这种光线，因此这种光线又被称为"伦勃朗光"。主光与被摄主体和摄像机形成的夹角为90°时，会产生夸张的侧光效果，通常用于表现阴郁、诡异的气氛。

（2）辅灯

辅灯用于补充主灯照明。辅助光一般多是无阴影的软光，用于减少主光产生的生硬粗糙的阴影，减小受光面和背光面的反差，提高暗部影像的造型表现力。通常主光和辅助光的光比决定了被摄主体的影调反差，拍摄短视频时要根据需要控制和调整主光与辅光的光比。所谓光比，就是光照强度的比例，光比与光源的强度、光源与被摄主体的距离、光源的面积等都有关系。

辅光通常位于被摄主体的一侧前方，也可位于被摄主体与摄像机形成45°～90°夹角的位置。主光与辅光的光比没有固定数值，但要注意的是，主光的强度一定要大于辅光的强度，常用的主光与辅光的光比有2：1、4：1等。

（3）轮廓灯

轮廓灯一般发出硬朗的直射光，从逆光或侧逆光方向照射被摄主体，使被摄主体拥有明亮的边缘。

轮廓光是使被摄主体拥有明亮边缘的光线。轮廓光可以将物体与物体、物体与背景分开，突出被摄主体，增强画面的空间感。由于轮廓光是从被摄主体后方发出的，因此要防止它照射到摄像头上，以致出现眩光，使成像质量下降。

3.2.5 运镜方法

3-3 运镜方法

运镜，又称运动镜头或移动镜头，是指通过移动摄像机机位，或者改变镜头光轴，或者变化镜头焦距所进行的拍摄。在短视频作品中，运动画面居多。在拍摄短视频时，摄像师常常需要通过运镜开拓画面的造型空间，创造出独特的视觉艺术效果，进而制作出富有画面感的短视频。运镜主要有两种方式：一种是将摄像机安放在各种活动的物体上，另一种是摄像师扛着摄像机通过运动进行拍摄。在短视频拍摄中，巧妙运镜有利于丰富画面场景，拍出有吸引力的短视频。常见的运镜方法有推镜头、拉镜头、摇镜头、移动跟随、甩镜头和升降镜头等。

1. 推镜头

推镜头是指拍摄者向被摄主体的方向移动镜头，能给人逐渐接近被摄主体的感觉。由于镜头距离被摄主体越来越近，所以画面包含的内容越来越少，这样有利于对局部进行突出，如图3-59所示。

图3-59

2. 拉镜头

拉镜头的操作与推镜头正好相反，拉镜头会导致镜头逐渐远离被摄主体。拉镜头有助于展现更多的场景信息，可以强调人与环境之间的关系。

3. 摇镜头

摇镜头的过程类似于拍摄全景接片，在实际拍摄时，手臂要保持稳定，然后慢慢地将镜头从画面一侧移动至画面另一侧，如图3-60所示。

图3-60

4. 移动跟随

移动跟随要求拍摄者跟随被摄主体一起运动，从而保证拍摄者与被摄主体之间的距离不变，而周围的场景在不断变化，如图3-61所示。在拍摄过程中，拍摄者既可以与被摄主体保持平行移动，又可以跟在被摄主体后进行移动。

图3-61

5. 甩镜头

甩镜头是快速移动拍摄设备，将镜头急速"摇转"向另一个方向，实现从一个静止画面快速过渡到另一个静止画面，中间的影像会模糊，变成光流，可以强调空间的转换和同一时间内不同场景中出现的并列情景，常用于表现人物视线的快速移动或某种特殊视觉效果，画面具有动感和爆发力，如图3-62所示。在拍摄时应先考虑甩镜头与前后镜头的衔接，再来决定甩镜头的方向和时长。

图3-62

6. 升降镜头

升降镜头是借助升降装置或手臂的上下移动来改变取景内容，可以自上而下运镜，也可以自下而上运镜。图3-63所示为自上而下运镜。

图3-63

课堂讨论

运动镜头适合在哪些场景下使用？列举电影中常见的运动镜头及其拍摄方法。

提示与技巧

在短视频的实际拍摄过程中，摄像师常采用复合运动镜头，以展现丰富多变的画面效果。复合运动镜头是指在一个镜头中将推、拉、摇、移动跟随、甩、升降等运动拍摄方式有机结合起来进行拍摄。例如，在拍摄人物走路的镜头时，在跟镜头的同时升镜头。

3.3 短视频的实际拍摄

拍摄者想要顺利拍出高质量的短视频，需要了解拍摄前的准备工作，并掌握不同拍摄设备的实拍技巧。

3.3.1 拍摄前的准备工作

在拍摄短视频的过程中，需要提前做好准备工作，一切准备就绪，再按步骤拍摄内容，拍摄效率才会大大提高。短视频拍摄前的准备工作通常包括以下几点。

1. 布置拍摄场地

进行短视频拍摄前，拍摄者需要提前了解拍摄场地的条件和限制，这涉及场地的空间大小、灯光条件、噪声控制等方面。如果场地条件有限，拍摄者需要根据实际情况进行调整和安排，以保证拍摄质量。

如果在室内拍摄短视频，就要提前把现场布置成符合拍摄主题的场景；如果在室外拍摄，可以提前踩点，提前查看天气状况，等等。

2. 安排人员

根据拍摄的规模和要求，安排好相关人员，包括导演、摄像师、演员、助理等。确保每个人明确自己的角色和任务，并做到彼此配合。

3. 清点和检查设备、道具

在准备拍摄前，需要对拍摄中要使用的设备、道具进行清点和检查（如检查电池电量、存储卡容量等），避免因设备或道具故障影响拍摄进度。

3.3.2 使用手机拍摄短视频的技巧

手机是我们常用的拍摄设备，我们只要启动手机中的相机应用，选择"录像"模式，然后轻点按键就可以开始拍摄了，但这并不意味着拍出来的短视频都很好看。下面介绍用手机拍摄短视频的技巧，希望提升大家的拍摄技术。

1. 设置分辨率和帧率

为了保证画面清晰，在拍摄短视频之前，我们需要设置分辨率和帧率两个参数。如果使用的是苹果手机，需要在系统的"设置"选项中进行参数设置；如果使用的是华为手机或安卓系统手机，需要在"相机"的"设置"选项中进行参数设置。

2. 灵活运用横、竖屏拍摄

如果制作完成的短视频要上传到哔哩哔哩等平台，那么竖屏拍摄的画面会给人一种不舒服的感觉，影响观看体验，所以建议用横屏拍摄。如果短视频要上传到抖音、快手等平台，采用竖屏拍摄会带来更好的观看体验。所以在拍摄之前，拍摄者要先想好在哪个短视频平台发布作品，灵活运用横、竖屏拍摄。

3．点选对焦点与测光点

无论使用什么拍摄设备拍摄短视频，最基本的要求都有两个：一是对焦准确，保证画面不模糊；二是曝光准确，保证明暗区域都有细节。例如，在"录像"模式下，开始录制后，对焦和测光都是自动完成的，但是都不精准。而点选对焦点与测光点是手机最具特色和实用的拍摄功能，在拍摄人物、花卉、动物等对象时经常使用。在录制之前，一定要点击画面中的被摄主体，这时在画面中被点击的位置会出现一个对焦方框和太阳标志，说明所选对焦点、测光点（在同一位置）已经完成了自动对焦和自动测光。这时，如果感觉画面过暗，可以向上滑动太阳标志，增加曝光量，使画面变亮；如果感觉画面过亮，可以向下滑动太阳标志，减少曝光量，使画面变暗。

4．画面稳定很重要

一个好的短视频可以获得较高的播放量和点赞量，而制作一个好的短视频最基础且关键的就是保持画面稳定。如果画面抖动严重，观众的观看体验会很差。现在很多手机都有防抖功能，建议在拍摄短视频的时候打开防抖功能，同时在移动拍摄的过程中将手肘紧贴身体两侧，这样拍出来的画面会更稳定。在固定机位时，三脚架是较实用的辅助工具之一。

5．利用美颜功能

拍摄人像类短视频时，可以利用美颜功能，让人像更加美观，让拍摄的短视频更加吸引眼球。利用美颜功能的方法取决于手机的品牌和型号，但大多数手机都提供了类似的功能。以下是常见的操作步骤：在"录像"模式下，寻找并点击"美颜"按钮或类似的选项，可以调整磨皮、美白、瘦脸等美颜选项，调整到满意效果后，即可开始录制。

6．利用构图参考线

拍摄风景类短视频时，要想避免水平线倾斜，可以利用手机中的构图参考线。例如，在华为手机中，在"相机"的"设置"选项中打开"参考线"，就可以显示参考线，这样既可以辅助保持画面水平，又可以快速获得理想构图。

7．拍摄慢动作视频

拍摄慢动作视频实际是先拍摄高帧率（如120帧/秒、240帧/秒）的视频，然后利用手机屏幕的低刷新率实现慢动作效果。例如，拍摄120帧/秒的视频，如果手机屏幕的刷新率为60Hz，那么视频会以0.5倍的速度播放。在手机中选择"慢动作"拍摄模式，点击中间的拍摄按钮，就可以开始拍摄慢动作视频了，如图3-64所示。

图3-64

8．延时摄影

延时摄影也叫缩时摄影，它的实现过程与慢动作相反。它是指以较低的帧率拍摄视频，然后用正常或较快的速度播放视频，这样就可以将视频的时长压缩为几分钟或几秒，呈现出快速运动的画面效果。延时摄影常用于拍摄风云变幻的天气、城市车流、花开的过程等。在手机中选择"延时摄影"模式，点击中间的拍摄按钮，就可以进行延时摄影了，如图3-65所示。

图3-65

3.3.3 使用微单/单反相机拍摄短视频的技巧

其实使用微单/单反相机拍摄短视频很简单，但是对于初学者来说，想要拍摄出比较专业的效果，还需要掌握一些技巧。

1. 设置合适的格式和尺寸

很多初学者经常拿起相机就开始拍摄，并没有提前设置相关参数，拍完之后才发现短视频的格式和尺寸不对，需要重新拍摄，这样会给后续工作造成一些麻烦和问题。

2. 使用 M 挡

使用微单/单反相机拍摄短视频时，建议使用M挡，手动设置曝光模式，这样更方便单独控制快门速度、光圈值、感光度等参数。如果选择自动模式，则在一些明暗变化较大的场景下，短视频画面会忽明忽暗，影响观看体验。

3. 设置快门速度

录制短视频与拍摄静态照片所用的快门速度是不同的。使用微单/单反相机拍摄短视频时，若快门速度过快，画面会显得不流畅，出现明显的卡顿；若快门速度过慢，画面中的运动场景就会模糊，画面会变得不清晰。在拍摄短视频时，一般将快门速度设置为帧率的2倍，通常帧率设为25帧/秒，快门速度设置为1/50秒。

4. 设置光圈值

光圈主要用于控制画面的亮度及背景虚化程度。光圈越大，画面越亮，背景虚化程度越高；光圈越小，画面越暗，背景虚化程度越低。光圈值越大，表示实际光圈越小，如f/2.8是大光圈，f/11是小光圈。

5. 设置感光度

感光度是控制画面亮度的一个变量。在光线充足的情况下，感光度越低越好。即使光线比较暗，感光度也不要设置得太高，因为如果感光度过高，画面会产生较多噪点，进而影响画质，特别是感光度大于2000时，屏幕上会出现很多闪动的小花点（这就是噪点），这不但严重影响画质，而且后期无法修复。

6. 手动调节白平衡及色温值

在摄影和摄像领域，白平衡是确保图像色彩准确还原的关键技术之一。它不仅涉及白色物体的呈现，更重要的是通过调整红、绿、蓝三基色的比例来校正因不同光源色温差异引起的色彩偏差，从而保证整个图像的色彩准确性和真实性。微单/单反相机等现代数码影像设备通常会提供丰富的白平衡设置选项，以满足不同拍摄环境和创意需求。这些选项可能包括自动白平衡（AWB）、预设白平衡（如日光、阴天、阴影、荧光灯、钨丝灯等）以及自定义白平衡等。自动白平衡是相机根据拍摄环境自动调整白平衡的一种方式，适用于大多数日常拍摄场景。然而，在复杂光源环境下，自动白平衡可能无法完全准确地校正色彩偏差，此时就需要使用预设白平衡或自定义白平衡来手动调整。

在拍摄短视频时，由于背景环境会变化，使用自动白平衡会导致出现短视频片段画面颜色不一致的问题，因此我们需要手动调节白平衡及色温值（K值）。色温可用于调节画面色调的冷暖，色温值越高，画面的色调越暖，越偏黄色；色温值越低，画面的色调越冷，越偏蓝色。一般情况下，将色温值调到4900～5300即可，这个范围的色温值属于中性值，适合大部分的拍摄题材。

7. 手动对焦

拍摄短视频的一大难点便是对焦。如果选择自动对焦，则在拍摄短视频的过程中很容易出现脱焦、对焦错误等问题，所以最好将对焦模式切换到手动对焦。

8. 提高录音质量

一个好的短视频不仅要画面清晰、美观，还要保证录音质量。大多数微单/单反相机的内置话筒的收音效果不尽如人意，所以最好购买一款可以安装在热靴上的话筒，再配合相机的手动录音电平功能，这样可以大幅提升相机的录音质量。如果在户外进行短视频拍摄，则建议开启风声抑制功能，降低风噪。如果对录音的实时监听有较高的要求，则建议购买带有耳机监听接口的机型，通过耳机实时监听录音效果。

3.3.4 使用无人机拍摄短视频的技巧

无人机拍摄是当下比较流行的一种短视频拍摄方式，它可以完成全景、俯瞰等镜头的拍摄。掌握无人机航拍的技巧，可以让拍摄的短视频脱颖而出。以下是使用无人机拍摄短视频常用的技巧。

1. 扫描拍摄

这个拍摄手法是指无人机从被摄主体的一端匀速飞到另一端，镜头没有变化，相关技巧很好掌握。

2. 90°俯拍

这个拍摄手法主要用于俯拍较为规整的地面，能够把地形地貌及景观布局很好地呈现出来，并且使画面极具叙事性。

3. 低空飞行

无人机在低空飞行时可以拍摄更多的细节，并能把更好的动感画面呈现出来，为观众创造身临其境般的体验。不过，地面最好整洁且宽阔，这样画面才不会显得杂乱。

4. 越景观飞行

当无人机飞越较大的景观元素，如山峰、树林、建筑等时，可以把这些元素当作前景。这样可以增强画面的空间感，营造良好的转折效果，使画面给人豁然开朗的感觉，看起来非常震撼人心。

5. 穿梭飞行

这种拍摄手法会在无人机穿越桥梁、树林、山峰等相对狭窄的区域时使用，能使画面具有强烈的临场感和令人震撼的视觉效果。使用这个拍摄手法需要拍摄者有丰富的拍摄经验。

6. 环绕飞行

环绕飞行是在高空拍摄时常用的手法，常被用于拍摄标志性的建筑，如城市地标、大型雕塑、塔、城堡等，可以给作品增添巨大的冲击力。

7. 背飞拉镜

这种拍摄手法一般会在片尾呈现全景的时候使用。它是指在无人机从一个中心位置向后退去的同时慢慢拉开镜头，直到整个被摄主体及壮观的背景出现，可以表现出壮观的全景，如海滩、树木、沙丘、建筑物等。在使用这种拍摄手法的时候，一定要注意无人机背后是否有高大的建筑。

> 💡 **提示与技巧**
>
> 在使用无人机拍摄时，要注意飞行安全。要保证无人机飞行的稳定性，避免其与其他飞行器碰撞。在无人机飞行的过程中，要时刻关注周围的环境和气象条件，避免在恶劣的天气下进行拍摄。同时，要确保无人机的电池、电机等部件处于良好的工作状态，避免出现故障。此外，在进行无人机航拍时，要注意拍摄安全。要避免拍摄涉及国家机密、商业秘密等敏感信息的事物或环境。在拍摄过程中，要注意保护拍摄对象的隐私，不得侵犯他人的合法权益。

思考与练习

一、单选题

1. 下列属于构图的基本原则的是（　　）。
   A. 构图复杂
   B. 画面绝对平均
   C. 利用汇聚线构图可以有效强化画面的空间感
   D. 主体必须在画面中心

2. 根据景别的远近排列，下列属于从远到近排列的是（　　）。
   A. 远景—全景—近景
   B. 全景—远景—近景
   C. 远景—近景—中景
   D. 远景—中景—全景

3. 下列属于软质光的特点的是（　　）。
   A. 强烈的直射光
   B. 突出被摄主体的立体感，表现被摄主体的细节及质感
   C. 光线柔和，形成的影像反差不大，立体感和质感较弱
   D. 能使被摄主体明暗对比强烈，立体感强

二、填空题

1. (　　　) 构图就是利用线条将观众的视线引向画面想要表现的主体。

2. 景别一般可分为 (　　　)、(　　　)、(　　　)、(　　　) 和 (　　　) 5种。

3. 常见的光位有 (　　　)、(　　　)、(　　　)、(　　　) 和 (　　　) 等。

三、判断题

1. 光位是指光源相对于被摄主体的位置，即光线的方向和角度。(　　　)

2. 拉镜头是指拍摄者向被摄主体的方向移动镜头，能给人逐渐接近被摄主体的感觉。(　　　)

3. 延时摄影常用于拍摄风云变幻的天气、城市车流、花开的过程等。(　　　)

四、简答题

1. 列举5种运镜方法。

2. 简述三灯布光法并画出示意图。

3. 简述有哪些拍摄方向和拍摄角度。

五、操作题

1. 使用3种以上的运镜方法拍摄一组校园风景短视频素材。

2. 使用3种以上的景别拍摄一组校园人物短视频素材。

第 4 章

人物写真短视频

本章导读

本章将详细介绍人物写真短视频内容的策划流程，深入剖析每个关键环节。同时，本章将详细讲解人物拍摄的关键技巧，并介绍如何使用剪映将拍摄的素材剪辑成一个引人入胜的短视频。通过本章的学习，读者不仅能够掌握人物写真短视频制作的全流程和核心技巧，还能够提升创作能力。

学习目标

1. 掌握人物写真短视频内容的策划方法
2. 掌握人物写真短视频的拍摄方法
3. 掌握人物写真短视频的后期制作方法
4. 掌握使用剪映剪辑视频和音乐的方法
5. 掌握使用剪映对人物面部进行美化处理的方法

4.1　策划人物写真短视频的内容

人物写真短视频作为现代社会的热门多媒体形式，巧妙融合影像、音频与文字，生动呈现不同领域与个人的精彩故事与难忘经历。下面详细介绍人物写真短视频内容的策划方法，以帮助短视频创作者成功制作出具有吸引力和深度的人物写真短视频。

4.1.1　确定主题和风格

确定人像写真短视频的主题和风格是创作过程中至关重要的一步，它决定了整个作品的基调和呈现方式。

1．确定主题

（1）人物特点与个性。深入了解被摄人物的特点和个性，是确定主题的关键。每个人的性格、爱好、经历都是独一无二的，这些元素都可以成为确定主题的灵感来源。例如，如果被摄人物性格开朗活泼，则可以选择以"阳光青春"或"活力四射"为主题；如果被摄人物内敛深沉，则可以选择以"静谧时光"或"内心独白"为主题。

（2）情感表达与故事性。情感是人物写真短视频中不可或缺的元素，而故事性则能够让情感更加深入人心。确定一个能够触动人心的情感主题，如亲情、友情、爱情或成长等，并通过故事性的叙述方式展现出来，可以吸引观众的注意力并引发其共鸣。例如，可以围绕一段深厚的同窗情谊，细腻描绘两位或几位主人公从初识到相知相惜的温暖旅程，展现他们共同成长、互相扶持的珍贵岁月；或者以一段爱情故事为主线，描绘两人之间的甜蜜，展现他们携手共度的美好时光。

（3）场景和环境。不同的场景和环境能够营造出不同的氛围，为短视频增添独特的魅力。根据被摄人物的特点和主题需求，选择合适的场景和环境进行拍摄。例如，拍摄文艺青年可以选择海边、森林、咖啡馆、图书馆等具有特色的地方，通过环境氛围的烘托来突出主题。

（4）文化环境和时代背景。文化环境和时代背景也是确定主题时的重要考虑因素。结合被摄人物所处的文化环境和时代背景，挖掘与之相关的元素和话题，可以为短视频增添内涵。例如，可以围绕传统文化、民族特色或当代社会现象等话题进行创作，展现被摄人物在这个时代背景下的独特风貌。

2．确定风格

（1）主题和情感。不同的主题和情感需要不同的风格来呈现。例如，如果主题是浪漫爱情，那么可以选择唯美的风格；如果主题是青春活力，那么可以选择活泼的风格。适宜的风格可以更好地突出主题和情感，使观众产生共鸣。

（2）色彩和光影。根据主题和情感，选择合适的色彩搭配和光影效果。例如，可以使用温暖的色调和柔和的光影来营造温馨的氛围，或者使用冷色调和对比强烈的光影来创造神秘或深沉的感觉。巧妙运用色彩和光影，可以营造出独特的视觉风格，增强短视频的吸引力。

（3）参考和借鉴。观察和分析优秀短视频作品，了解不同风格的特点和表现手法，从中汲取灵感和创意。同时，也要结合自己的实际情况和创作需求，进行创新和调整，形成自己独特的风格。

4.1.2　选择模特并与模特沟通

确定人物写真短视频的主题和风格之后，选择合适的模特并与模特进行有效的沟通是至关重要的。

1. 选择模特

（1）主题与模特特质。思考短视频的主题与哪种类型的模特最为契合。例如，如果短视频的主题是展现清新自然的户外风光，那么选择一个外表阳光、气质自然的模特会更合适。

（2）查看模特的作品集。查看模特的作品集可以帮助我们了解他们的风格、表现和擅长的领域。

（3）面试与试镜。除了外貌和气质，模特的情感表达能力和肢体语言也非常重要。模特应该能够根据短视频的主题和要求，表达出相应的情感和呈现出相应的姿态。在正式拍摄之前，可以让模特进行一次面试或试镜。这不仅可以更直观地了解模特的表现力，还可以观察模特与我们的合作默契程度。

2. 与模特沟通

（1）明确主题与风格。向模特详细介绍要拍摄内容的主题与风格要求，确保他们能够理解并接受，可以通过文字、图片或视频等形式进行展示和说明。

（2）讨论拍摄细节。与模特讨论拍摄时间安排、地点选择、服装搭配以及妆容风格等关键要素。为了确保作品与主题高度契合，我们要精心挑选与主题相适应的拍摄场景，并与模特共同商讨服装和妆容的搭配，力求营造出最佳的视觉效果。同时，我们也要明确表达对模特在拍摄中的期望和要求，分享我们希望捕捉的特定瞬间，以便为模特提供更为明确的方向和灵感。

（3）建立信任与默契。在沟通过程中，努力建立与模特的信任与默契。可以通过友好的交流、鼓励和支持来增强模特的信心，使其在拍摄中更加放松和自然。

4.1.3　选择环境和道具

在拍摄人物写真短视频时，选择合适的环境和道具至关重要，它们能够极大影响作品的质量。以下是一些关于选择人物写真短视频的环境和道具的注意事项。

1. 环境选择

（1）主题匹配。首先要根据拍摄主题来选择环境。例如，如果主题是表现复古风格，那么可以选择具有复古元素的环境，如旧城区、古建筑或具有历史感的咖啡馆等。

（2）考虑光线。光线是拍摄中非常重要的因素。为了拍到模特最自然、最动人的瞬间，应选择光线柔和、自然的环境，如早晨或傍晚的户外，或是光线充足的室内环境。应避免在强光下拍摄，以免产生过曝或阴影过重的问题。如果自然光线不足，则可以考虑使用专业的灯光设备进行补光，以确保画面的亮度和清晰度。

（3）背景简洁。尽量选择背景简洁的环境，避免过于复杂的背景分散观众的注意力。可以使用大光圈或长焦镜头来虚化背景、突出模特。

2. 道具选择

（1）根据主题选择道具。道具的选择应紧密围绕主题进行。例如，如果主题是旅行，那么可以选择行李箱、相机、泡泡机、彩色烟雾、气球等道具；如果主题是表现复古风格，那么老式唱片机、油纸伞、团扇、古籍等道具可能更为合适。

（2）突出个性与情感。合适的道具可以帮助模特更好地表达个性和情感。选择能够体现模特特点的道具，或者能够引发模特情感共鸣的道具，有助于增强短视频的感染力和表现力。例如，如果模特有音乐方面的特长或热爱音乐，吉他、小提琴或钢琴等乐器是非常合适的道具；对于喜欢阅读或有着深厚文学素养的模特，一本与他个性相符的书可以作为道具，书中的图片和文字都能成为表达个性和情感的媒介。

（3）注意道具与环境的搭配。道具与环境的搭配要协调，避免产生突兀感。在选择道具时，要考虑其颜色、材质和风格是否与拍摄环境相契合。

4.1.4　撰写拍摄提纲

撰写人物写真短视频拍摄提纲是为了规划整个拍摄过程，确保短视频内容有条不紊地呈现。

下面以一位女大学生在图书馆的学习时光为主线，展现她如何充分利用图书馆资源获取知识，实现自我成长的过程，通过镜头捕捉她在图书馆的不同瞬间，描绘出一个充满书香气息的校园生活画面，图书馆人物写真短视频拍摄提纲如表4-1所示。

表4-1　图书馆人物写真短视频拍摄提纲

场景序号	场景描述	拍摄要点
1	图书馆走廊	人物走进图书馆，镜头跟随人物穿过走廊，展示图书馆的布局和氛围
2	在书架前选书	人物来到书架前，镜头跟随人物的视线，展示书架上的书籍和人物挑选书籍的过程。人物选定一本书，拿起翻阅
3	站立看书	人物站在书架旁翻阅几页，镜头从人物正面拍摄，展现书的封面和人物的表情变化
4	坐在地上看书	人物背靠书架坐下，将书放在膝盖上开始阅读。镜头从人物侧面拍摄，展示人物专注阅读的神态和周围安静的环境
5	在阅读区做笔记	人物坐在书桌前，打开笔记本和书，开始阅读并做笔记。镜头稍微拉近，展示人物手中的笔，人物在笔记本上快速书写。镜头角度转变，用俯拍的方式展示人物做笔记的画面
6	离开图书馆	人物抱着选定的一本书，步履轻盈地离开图书馆，回眸一笑

4.2　拍摄人物写真短视频片段

在拍摄人物写真短视频时，掌握拍摄的关键技巧是确保短视频质量的关键。接下来，我们将深入探讨这些技巧，并以图书馆为具体场景，介绍如何拍摄一组记录一位女大学生在图书馆学习的短视频片段。

4.2.1　拍摄人物写真短视频的技巧

拍摄人物写真短视频需要掌握以下关键技巧。

1. 拍出虚化效果

在拍摄人物写真短视频时，虚化是一种常用的技巧，旨在将观众的注意力集中在人物身上，同时减少背景元素的干扰。以下是拍出虚化效果的技巧。

（1）不同光圈对虚化效果的影响。使用大光圈拍摄有利于突出人物，虚化背景，如图4-1所示；

使用小光圈拍摄，可以使画面中的景物都很清晰，如图4-2所示。大光圈（如f/2.8）具有卓越的背景虚化能力。在熙攘的街头捕捉人像时，使用大光圈能将对焦点精准地锁定在人物身上，同时巧妙地对背景中的行人、车辆和树木等干扰元素进行柔化处理，让人物成为画面的焦点，脱颖而出。相反，小光圈（如f/8、f/11）则具有卓越的清晰捕捉能力。在公园的花丛中为人物拍摄时，使用小光圈能够确保人物与周围绚丽的花朵都清晰可见，拍出层次丰富、细节精致的画面。这样不仅让人物成为画面的焦点，同时也展现了周围环境的细节，使观众有身临其境的感觉。

图4-1　　　　　　　　　　图4-2

（2）不同焦距对虚化效果的影响。长焦镜头（如焦距为85mm、135mm等）由于焦距较长，更容易产生明显的虚化效果。这是因为长焦镜头可以压缩空间，使背景远离被摄主体，从而在视觉上增强了虚化效果。相反，广角镜头（如焦距为24mm、35mm等）由于焦距较短，景深较深，产生的虚化效果相对较弱。

（3）拍摄距离对虚化效果的影响。当相机与被摄主体之间的距离较近时，背景会更容易被虚化。这是因为近距离拍摄时，背景相对于主体而言距离相机更远，从而产生了更强的虚化效果。

（4）选择正确的对焦点。确保对焦点在人物的重要部分，如面部，这样观众会更容易将注意力集中在人物身上。

2．运用不同的拍摄角度

在短视频拍摄中，拍摄角度的选择对于表达情感和塑造人物形象至关重要。采用不同的拍摄角度会得到完全不同的视觉效果。不同的拍摄角度带给观众的感受也是不同的，可以引发观众不同的情感和心理。

（1）低角度。镜头低于人物的视平线，可以给人一种仰视的感觉，让人物显得威严、高大或具有力量感。这种角度常用于表达对人物的崇敬或强调人物的特殊地位及权威。

（2）高角度。镜头高于人物的视平线，可以让人物看起来较小，给人一种俯视的感觉。这种角度常用于描绘人物无助、脆弱或依赖他人的形象，也可以用来表现喜剧效果。

（3）正面角度。镜头正对着人物，主要表现人物的正面形象和面部特征。这种角度能够直接展示人物的表情和情绪，使人物给观众留下深刻的印象。

（4）侧面角度。侧面角度能够展现人物的侧面轮廓和姿态，使得画面更具立体感和空间感。同时，侧面角度还能给人一种含蓄的感觉，让观众对人物产生好奇和想象。

（5）斜侧面角度。斜侧面角度是介于正面和侧面之间的角度，能够同时展现人物的正面和侧面特征。拍摄人像常用这种角度，它能够呈现人物的多样性和复杂性。

（6）背面角度。背面角度是指镜头位于人物的背后，这种角度能够引发观众的好奇和想象，同时也能够营造孤独、神秘的氛围。

💡 **提示与技巧**

　　在拍摄人物写真短视频时，不同的焦距可以产生不同的视觉效果。广角镜头可以展现更广阔的背景，突出人物与环境的关系；长焦镜头则可以压缩空间，突出人物的特征和细节。

3．注意捕捉或制造眼神光

　　拍摄时，在人物眼球上制造微小的明亮光斑，能使眼睛更加有神，更能准确地表达情感和情绪，进而刻画出人物的神态，这种光斑就是人像摄影中常用的眼神光，如图4-3所示。在拍摄人物时，要特别注意捕捉或制造眼神光。尤其是近距离拍摄人物时，把握好了眼神光能给作品加不少分。

　　要拍出眼神光，可以采用以下技巧。

图4-3

　　（1）找准角度。一般来说，眼神光位于人物眼球的左上角或右上角，或者眼球的下方，应避免出现在眼球的中间部位。因此，需要让被人物的眼睛和镜头保持水平，这样可以更自然地捕捉到眼神光。

　　（2）控制光线。光线是影响眼神光的关键因素。在室内拍摄时，可以利用自然光，让光线从侧面或前侧方照射到人物的眼睛上。在户外拍摄时，可以选择早晨或傍晚等光线柔和的时间段。同时，也可以利用反光板、白色物体等来增加或调整光线，使眼神光更加明显。

　　（3）准确对焦。准确对焦是确保眼神光清晰明亮的关键。在拍摄时，务必将对焦点放在人物的眼睛上，确保眼睛是画面中最清晰的部分。

4．注意捕捉情感

　　人物写真短视频的核心目标在于深刻展现人物的情感与独特个性。在拍摄过程中，细节不容小觑，它们往往能够传递最为真挚的情感。因此，拍摄时应特别留心捕捉微妙的面部表情、深邃的眼神以及自然的动作等细节。这些细节不仅能够揭示人物的内心世界，还能极大增强短视频的感染力和吸引力。

　　以拍摄女孩与小狗互动的短视频为例，当镜头捕捉到女孩脸上淡淡的微笑时，观众仿佛能感受到她内心的柔软与喜悦。与此同时，一只温顺的小狗静静地依偎在她身旁，它微微侧着头，仿佛在倾听女孩的呼吸声，抑或是在感受她身上散发出的温暖气息，如图4-4所示。这样的画面能让观众感受到温馨与亲密，从而引发观众的情感共鸣。

图4-4

4.2.2　拍摄图书馆人物写真短视频片段

在图书馆这一静谧的环境中，我们可以运用以下技巧来拍摄人物写真短视频，从而更生动地展现人物的情感与故事。

图书馆有良好的照明条件，房间大且明亮，内墙是白色的，可以很好地起到反光的作用，拍摄者利用这一优势可以拍出柔和、自然的画面。注意选择合适的时间段，避免阳光直射或阴影过重。

4-1　拍摄图书馆人物写真短视频片段

准备拍摄器材（如手机、稳定器、手机支架、反光板等），同时准备道具（如笔、笔记本等）。

之后，依据图书馆人物写真短视频拍摄提纲，围绕设定好的每一个场景，保质保量地完成拍摄即可。

场景 1：图书馆走廊

人物走进图书馆，镜头跟随人物穿过走廊。拍摄者在拍摄时使用移动跟随的运镜方法，与人物的步伐同步，从右向左跟随人物拍摄，如图4-5所示。

图4-5

> 💡 **提示与技巧**
>
> 在图书馆中，可以利用书架、桌椅等元素进行构图，将人物放置在前景、中景或背景中，营造出层次感和纵深感，让人物与图书馆的环境融为一体。同时，注意人物与背景的协调，避免背景过于杂乱。

场景 2：在书架前选书

人物来到书架前，镜头跟随人物的视线，展示书架上的书籍和人物挑选书籍的过程。拍摄者在拍摄时使用移动跟随的运镜方法，与人物同步后退，展示人物专注的表情和手中的书，如图4-6所示。

图4-6

场景 3：站立看书

人物站在书架旁翻阅几页，镜头从人物正面拍摄，展现书的封面和人物的表情变化。拍摄者在拍摄时采用左右摇镜的运镜方法，以书架为前景，使人物慢慢出现（在实际拍摄时，手臂要保持稳定，然后慢慢地将镜头从画面一侧移动至画面另一侧），如图4-7所示。

图4-7

场景4：坐在地上看书

　　人物背靠书架坐下，将书放在膝盖上开始阅读。拍摄者选择低角度仰拍的方式，从侧面捕捉人物专注阅读的神态，如图4-8所示。

图4-8

场景5：在阅读区做笔记

　　人物坐在阅读区的书桌前做笔记。拍摄者从正面捕捉人物专注的神态（使用白色反光板对人物面部进行补光，确保人物面部自然而明亮），如图4-9所示。镜头稍稍拉近，聚焦于人物手中的笔和笔记本，展现出她专注的学习状态，如图4-10所示。随后采用俯拍的方式，将人物做笔记的场景纳入镜头中，进一步凸显人物专注而投入的状态，如图4-11所示。

图4-9　　　　　　　　　　　图4-10　　　　　　　　　　　图4-11

💡 **提示与技巧**

　　在室内借助自然光拍摄人像时，人物正对窗口的一面一定会更亮，背光的一面则会显得比较暗，虽然白墙可以起到一定的反光作用，但因为墙面距离窗口比较远，或者被其他物体遮挡等，其反光强度往往不够，因此拍摄者需要采用反光板为人物的暗部补光，以免画面中出现浓重的阴影。如果没有反光板，现场寻找白纸、白布、泡沫板都是不错的选择。

场景6：离开图书馆

　　人物抱着一本精心挑选的书，步履轻盈地走出图书馆，拍摄者用镜头捕捉到她的背影，展现了她离开图书馆时的悠然姿态，如图4-12所示。随后，她转身面向镜头，嘴角扬起一抹笑容，充满了满足和喜悦，仿佛是在与读者分享她的阅读之乐，如图4-13所示。

图4-12   图4-13

 课堂讨论

你认为在室内拍摄人物写真短视频时还需要注意哪些问题？与大家分享。

4.3　用剪映制作图书馆人物写真短视频

用剪映制作图书馆人物写真短视频包括以下环节。首先导入高质量的素材；接着对素材进行细致的剪辑，确保每一帧都恰到好处；对人物面部进行美化处理；为短视频添加转场效果，再为短视频添加片头字幕，迅速抓住观众眼球；在关键部分，添加视频解说字幕，增强画面情感表达，制作字幕动画，为视频增添生动与活力；选择一首与短视频氛围相契合的背景音乐，添加淡出效果；最后查看并导出短视频。具体操作步骤如下。

4-2　用剪映制作图书馆人物写真短视频

4.3.1　导入素材并调整素材顺序

1. 导入素材

在进行剪辑之前，首先需要导入相应的素材，导入素材的操作如下。

（1）将本书提供的素材（案例素材\图书馆人物\"01"～"08"）导入手机相册中备用。

（2）打开剪映，在剪辑界面中点击"开始创作"按钮，如图4-14所示。

（3）进入素材选择界面，用户可以在该界面中选择一个或多个素材。点击素材缩览图右上角的圆圈可以选中目标，完成选择后，点击右下角的"添加"按钮，如图4-15所示。

图4-14   图4-15

添加的素材会有序地衔接排列在同一轨道上，如图4-16所示。如果想要继续添加素材，则点击轨道右侧的"添加"按钮⊞即可。

图4-16

2．调整素材顺序

在剪辑过程中，通常需要在一个项目中放入多个素材，然后通过素材重组形成一个完整的短视频。根据剪辑需要，调整素材顺序的操作如下。

（1）选中轨道中需要移动的素材，这里选中第6个素材，如图4-17所示。

（2）长按素材不放，轨道中的所有素材都会以小方块的形式呈现，如图4-18所示。

（3）向右拖动素材即可调整素材的位置，将其移至轨道的最后，如图4-19所示。

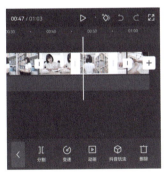
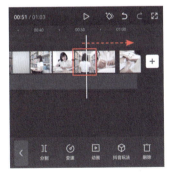
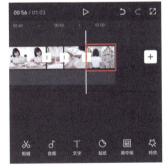

图4-17　　　　　　　　　图4-18　　　　　　　　　图4-19

4.3.2　分割素材并调整素材时长

1．分割素材

如果想要将素材分割为多个部分或者不想要素材的某一部分，可以进行分割操作。

（1）将时间指示器移至需要分割的时间点，然后点击底部工具栏中的"剪辑"按钮，如图4-20所示。

（2）进入剪辑的二级工具栏，点击"分割"按钮，即可将当前素材在时间指示器所在的位置一分为二；在下方的工具栏中点击"删除"按钮，即可删除选中的素材，如图4-21所示。

图4-20　　　　　　　　　图4-21

💡 **提示与技巧**

使用剪映时，为了进行更细致的剪辑，通常会放大时间轴轨道。在剪映中，将两根手指放在时间轴轨道上，然后向内移动手指（捏合）以缩小时间轴轨道，向外移动手指（张开）以放大时间轴轨道。

2.　调整素材时长

如果对素材的时长不满意，可以通过拖动素材两端的白色图标 来改变素材的时长。

（1）选中素材后，将素材尾部的白色图标 向左拖动，可缩短素材的时长，如图4-22所示。

（2）将素材尾部的白色图标 向右拖动，可延长素材的时长，如图4-23所示。

图4-22　　　　　　　　　图4-23

💡 **提示与技巧**

在剪映中调整素材时，无论是延长还是缩短时长，都需要在有效范围内操作，即延长时长时不能超过素材本身的时长，也不可以过度缩短时长。

4.3.3　对人物面部进行美化处理

如果想要对短视频中的人物面部进行美化处理，可以使用美颜美体功能。

（1）人物面部美白。在轨道上选中第1个素材（人物面部较黑，需要提亮），在下方的工具栏中向左滑动，找到并点击"美颜美体"按钮，如图4-24所示；在打开的界面点击"美颜"按钮，如图4-25所示；在"美颜"界面中点击"美白"按钮，左右滑动滑块，根据需求调整面部亮度，滑块对应的数值越大，面部越亮，完成美颜设置后，点击"√"按钮，保存美颜效果，如图4-26所示。

（2）人物面部磨皮。选择另一个包含人物面部的素材，在下方的工具栏中找到并点击"美颜美体"按钮，如图4-27所示。在"美颜"界面点击"磨皮"按钮左右滑动滑块，根据需求调整磨皮的强度。

向右滑动滑块，磨皮效果会增强，如图4-28所示。点击"全局应用"按钮，即可对所有素材中的人物面部进行磨皮处理，之后在弹出框中点击"确认"按钮，如图4-29所示，再点击"√"按钮，保存美颜效果。

图4-24

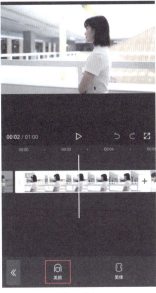

图4-25

图4-26

图4-27

图4-28

图4-29

4.3.4　添加转场效果

转场也称过渡，是指两个素材之间的切换。剪映提供的转场效果可以让短视频从一个场景自然平缓地过渡到另一个场景，从而增强短视频的感染力。

（1）点击任意两个素材中间的"转场"按钮，如图4-30所示。

（2）在转场选项栏中选择合适的转场效果，这里选择"热门"类别中的"叠化"效果，然后将转场时间设置为"0.5s"，如果想要在所有素材之间设置同样的转场效果，不需要挨个设置，只需在设置完第一个转场效果时，点击"全局应用"按钮即可，最后点击"√"按钮，保存转场效果，如图4-31所示。

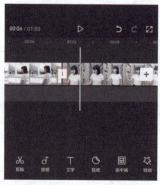
图4-30

图4-31

4.3.5 添加片头字幕

片头字幕是短视频的正式画面出现之前的部分，作用是用简短的文字介绍与短视频相关的信息。片头字幕的设计与处理对整个短视频的艺术魅力和感染力具有重要影响。

（1）为短视频添加片头字幕。将时间指示器移至短视频的开头，点击工具栏中的"文字"按钮，如图4-32所示。

（2）在二级菜单中点击"文字模板"按钮，如图4-33所示。

图4-32

图4-33

（3）进入"文字模板"界面，在选项栏中的"手写字"类别中选择一个合适的模板，点击它即可应用，如图4-34所示。

（4）将两根手指放在文字面板上，捏合以缩小文字，并将其移动到合适位置，如图4-35所示。

（5）该模板包含4个文字框，将这4个文本框选中后，分别输入"图书馆""美好时光""LIBRARY"和"A BETTER LIFE"替换原文字。例如，先选中"假期"，在下面的文本框中将其替换为"图书馆"，如图4-36所示。按相同方法替换其他文字，如图4-37所示。

（6）切换到"样式"选项卡，为"图书馆"和"美好时光"设置样式，选择一种合适的文字样式，点击"√"按钮，保存文字效果，如图4-38所示。

图4-34

图4-35

图4-36

图4-37

图4-38

4.3.6 添加画面中字幕

（1）将时间指示器移至靠近第2个素材开始的位置，点击工具栏中的"文字"按钮，然后在二级菜单中点击"新建文本"按钮，如图4-39所示。

（2）进入文本编辑界面，在文本框中输入文案"择一本好书"，然后在下方的"字体"类别中选择"温柔体"，如图4-40所示。

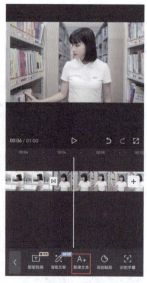

<table>
<tr><td>图4-39</td><td>图4-40</td></tr>
</table>

（3）切换到"样式"选项卡，在其中挑选一个合适的字体样式。接下来设置"文本"的颜色以及"描边"的颜色，然后调整字号至"12"，将文案移动至画面下方中间位置，如图4-41所示。

（4）切换到"动画"选项卡，在"入场"动画类别中选择"向上露出"效果，然后点击"√"按钮，保存文字效果，如图4-42所示。

<table>
<tr><td>图4-41</td><td>图4-42</td></tr>
</table>

（5）选中字幕素材，调整其位置和时长，然后点击工具栏中的"复制"按钮。将复制的字幕移至选中字幕的右侧并输入下一句文案"让时间放缓"，如图4-43所示。

（6）按相同的方法将其他文案内容（案例素材\图书馆人物\文案）添加到短视频中。在添加字幕时，注意字幕的显示应与短视频的画面相协调。另外，字幕显示时长应适中，既不宜过短，否则会导致观众无法完全理解内容，又不宜过长，否则会影响观看体验，我们可根据短视频的内容和节奏进行调整。

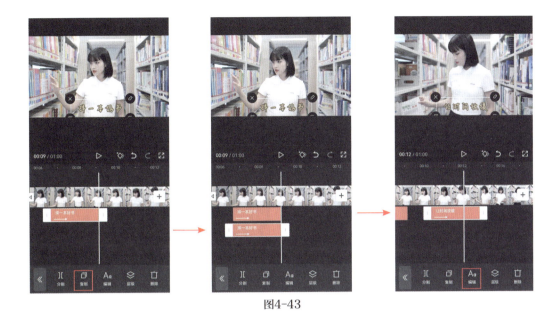

图4-43

🔵 **提示与技巧**

AI帮写文案。在制作短视频时，短视频创作者经常会遇到如何撰写短视频文案的难题。使用剪映的"智能文案"功能，可以根据视频内容和用户需求自动生成文案，并且可以批量添加到视频中。具体操作如下。

在剪映中添加视频后，在未选中素材的情况下，单击底部工具栏中的"文字"按钮，打开"文本"选项栏，点击"智能文案"按钮，即可进入"智能文案"选项栏。在文本框中输入清晰表述文案的需求或关键词，点击"生成旁白"按钮，剪映便会列出贴合视频内容的文案。

4.3.7　在剪映音乐库中选取音乐

一个精心制作的短视频，其魅力往往源自音频与视频的完美融合。音频在其中扮演着至关重要的角色，它能够为原本朴素的视频注入灵魂，当音频与视频的主题调性相得益彰时，观众的代入感便会大大增强，整个作品会更加引人入胜。

（1）返回一级菜单，在轨道左侧点击"关闭原声"按钮，此时界面会提示"原声已全部关闭"，然后点击"音频"按钮，如图4-44所示。

（2）在未选中任何素材的状态下，点击下方工具栏中的"音乐"按钮，如图4-45所示。

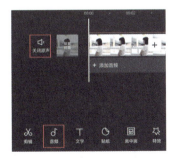
图4-44

图4-45

71

（3）进入音乐选择界面，在音乐库中选取音乐。向左滑动屏幕，找到"舒缓"类别并点击，如图4-46所示。

（4）进入"舒缓"类音乐列表，选择一首合适的音乐，点击↓按钮，之后该按钮变成"使用"，点击"使用"按钮，应用音乐，如图4-47所示。

图4-46

图4-47

（5）选中音频素材，将时间指示器移至短视频结尾处，点击工具栏中的"分割"按钮，然后选中分割出的多余音频，点击"删除"按钮，如图4-48所示。

（6）选中音频素材，点击工具栏中的"淡入淡出"按钮，如图4-49所示。

（7）打开"淡入淡出"选项栏，设置音频的淡出时长为"5s"，之后点击右下角的"√"按钮即可，如图4-50所示。

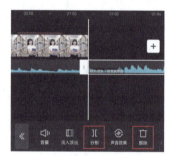
图4-48

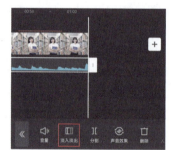
图4-49

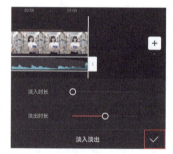
图4-50

4.3.8 导出短视频

设置完成后，点击"播放"按钮▷查看短视频，对短视频的细节进行调整，如图4-51所示。然后点击"导出"按钮，如图4-52所示，即可将短视频导出到手机相册中。

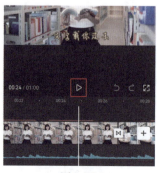
图4-51

图4-52

💡 **提示与技巧**

在用剪映对短视频进行编辑的过程中，点击"撤销"按钮 ↶，可撤销刚刚执行的编辑步骤，如果需要连续撤销多个步骤，可以连续点击"撤销"按钮；点击"恢复"按钮 ↷，可恢复之前撤销的编辑步骤，如果需要连续恢复多个步骤，可以连续点击"恢复"按钮。

思考与练习

一、单选题

1. 点击剪映中轨道左侧的（　　　）按钮，可以关闭所有素材的原声。
   A. "音频"　　　B. "关闭原声"　　　C. "音量"　　　D. "关闭声音"
2. 想要在剪映中将素材裁剪为多个部分，可以进行（　　　）操作。
   A. 剪辑　　　B. 删除　　　C. 分割　　　D. 变速
3. 为了使音频的进入和消失更自然，可以使用剪映中的（　　　）功能。
   A. 音量　　　B. 分割　　　C. 淡入淡出　　　D. 弱化

二、填空题

1.（　　　）也称过渡，是指两个素材之间的切换。
2. 想要对短视频中的人物面部进行美化处理，可以使用剪映中的（　　　）功能。
3. 在剪映中，想要在所有素材之间设置同样的转场效果，不需要挨个设置，只需在设置完第一个转场效果时，点击（　　　）按钮即可。

三、判断题

1. 在剪映中不能使用文字模板为短视频添加字幕。（　　　）
2. 在剪映中选中素材后，将素材尾部的白色图标向左拖动，可延长短视频的时长。（　　　）
3. 在剪映中，可以对视频中人物的皮肤进行磨皮处理。（　　　）

四、简答题

1. 简述剪映中的撤销与恢复方法。
2. 简述在剪映中调整素材时长的方法。
3. 简述剪映中转场功能的内容及使用方法。

五、实操题

1. 拍摄一个以校园人物为主题的短视频。
2. 使用剪映对校园人物短视频进行剪辑，并为其配上合适的字幕和音乐。

第**5**章

美食短视频

本章导读

    本章将详细介绍美食短视频内容的策划流程，深入剖析每个关键环节。同时，本章将详细讲解美食拍摄的关键技巧，并讲解如何使用剪映将拍摄的素材剪辑成一个引人入胜的短视频。通过本章的学习，读者不仅能够掌握美食短视频制作的全流程和核心技巧，还能够提升创作能力。

学习目标

1. 掌握美食短视频内容的策划方法
2. 掌握美食短视频的拍摄方法
3. 掌握美食短视频的后期制作方法
4. 掌握使用剪映自动识别字幕的方法
5. 掌握使用剪映设置封面的方法

5.1 策划美食短视频的内容

美食短视频吸引了大量观众的关注和喜爱。它们不仅为人们提供了学习烹饪技巧和了解美食文化的途径，还成为人们休闲娱乐、放松心情的重要方式。下面详细介绍美食短视频内容的策划方法，以便读者成功地制作出具有吸引力和深度的美食短视频内容。

5.1.1 确定主题和风格

美食短视频的主题和风格的确定是创作过程中非常关键的一步，它决定了美食短视频内容的吸引力。

1. 确定主题

（1）明确目标受众。首先，我们需要明确美食短视频的目标受众，其可能是家庭主妇、烹饪爱好者、学生、上班族等。通过深入研究目标受众的兴趣、需求和痛点，我们能够为他们提供真正有价值、有吸引力的内容。

（2）结合个人特色。考虑自己的专业背景、兴趣爱好和独特见解，选择与这些元素相关的主题。这样可以使美食短视频更具个人特色，吸引更多的观众。

（3）紧跟流行趋势。进行市场调研，了解当前的美食趋势和热门话题。这包括新的食材、新颖的烹饪方法、健康饮食的新理念等。同时，关注社交媒体、美食博客和电视节目等，获取最新的美食资讯和灵感。

（4）精选主题方向。在明确了目标受众和流行趋势后，我们可以选择合适的主题方向。无论是健康饮食的倡导，还是传统美食的挖掘、节日美食的分享，或是"网红"食品的揭秘、家常菜的教程、烘焙的艺术等，都可以作为主题方向。

（5）优化内容形式。美食短视频应注重展示食物的色、香、味以及制作过程。我们应通过高清的画面和专业的拍摄技巧，展现食物的诱人外观；同时，结合制作者的描述、品尝者的反馈和生动的音效，让观众仿佛身临其境，感受到食物的香气和美味；此外，详细介绍食物的制作过程，包括所需食材、调料和具体步骤，这样既能满足观众的好奇心，又能激发他们的创作欲望。

2. 确定风格

（1）分析目标受众。了解目标受众的年龄、性别、兴趣爱好、审美偏好等，以便更好地定位视频风格。例如，如果目标受众是年轻人，风格可能更加时尚、潮流；如果目标受众是家庭主妇，风格可能更加清新、自然。

（2）明确内容类型。美食短视频的内容类型很多，包括菜谱教学、美食测评、"探店"等。不同的内容类型需要用不同的风格来呈现。例如，菜谱教学类短视频可能需要更加详细、清晰的解说和演示，适合使用专业教学风格；"探店"类短视频可能需要更加轻松、自然的互动和体验，适合使用创意探索风格。

（3）突出个人特色。在确定风格时，也要考虑自己的个人特色。每个人都有自己的表达方式、语气、动作等，这些都可以成为短视频的独特之处。尝试将自己的个性融入短视频中，让观众感受到你的独特魅力。

5.1.2 选择场景和道具

在美食短视频中，场景和道具起着至关重要的作用，它们不仅能够突出食物本身的美感，还能为短视频增添氛围和吸引力。以下是一些关于拍摄美食短视频时选择场景和道具的注意事项。

1. 场景选择

（1）主题匹配。美食短视频的拍摄场景可以根据短视频的主题、风格和目标受众来选择。以下是几种适合美食短视频拍摄的场景：①厨房，这是最常见的美食短视频拍摄场景，适合展示家常菜制作过程、烘焙技巧、烹饪技巧等；②野餐或露营地，适合拍摄户外烧烤、野餐食物等，给观众带来清新、自然的感觉；③特色咖啡馆或小吃店，这些场景通常具有独特的氛围和装饰，能够给美食短视频增添色彩和故事性；④对于专业的美食博主或摄像师来说，拥有一个专门的拍摄工作室或摄影棚可以更好地控制光线、布景，确保短视频的质量和效果。

（2）照明条件。照明是美食短视频中非常重要的元素。使用柔和的灯光可以突出食物的色彩和质感，使画面更加诱人。在光线充足的室内环境中，可以考虑使用环形灯、柔光灯或便携式LED灯等照明设备，确保食物在镜头前呈现出最佳效果。在室外环境中，应避免在强光下拍摄，可以选择在早晨或傍晚拍摄。

2. 道具选择

（1）使用合适的餐具。餐具是美食短视频中不可或缺的道具。选择与食物搭配协调、设计美观的餐具，可以突出食物的色彩和质感。

（2）添加装饰元素。在场景中适当添加一些装饰元素，如鲜花、绿植、蜡烛等，可以增添氛围，使短视频更具生活气息。这些装饰元素应根据短视频的主题和风格精心选择，以营造出恰到好处的氛围。例如，如果短视频主题是户外野餐，可以添加一些野餐用具、帐篷等道具；如果短视频主题是家庭聚餐，可以添加一些家居用品等道具。

（3）注意道具的摆放。应该根据食物的形状、大小和颜色等因素，合理安排道具的位置和角度，以帮助食物在镜头前呈现出最佳效果。同时，道具的摆放也应该与短视频的整体风格相协调，避免过于杂乱或突兀。

5.1.3 撰写拍摄脚本

美食短视频的拍摄脚本在整个拍摄过程的规划中发挥着至关重要的作用。通过撰写拍摄脚本，制作团队可以预先明确所需的食材、道具和拍摄设备，从而确保拍摄有序进行，有效避免拍摄过程中的混乱和不必要的延误。

下面以在家制作冰点草莓为主题构思拍摄脚本，具体如表5-1所示。

表5-1 "冰点草莓"短视频拍摄脚本

镜号	场景	景别	拍摄手法	拍摄角度	内容	字幕
1	厨房	中景	固定镜头	侧拍	人物清洗草莓，将草莓捞出放入沥水篮中	大家好，今天我们来一起做一款没有任何化学添加剂的"网红"冰激凌——冰点草莓
2	厨房	特写	固定镜头	俯拍	表现人物将草莓从水中捞到沥水篮中的局部动作，突出草莓的新鲜	首先，我们要把草莓洗净、去蒂备用
3	厨房	中景	固定镜头	侧拍	人物摘掉草莓蒂	
4	厨房	中景	固定镜头	侧面平拍	人物往碗中倒入白砂糖腌制草莓	然后，用大量的白砂糖对草莓进行腌制

续表

镜号	场景	景别	拍摄手法	拍摄角度	内容	字幕
5	厨房	近景	固定镜头	俯拍	人物将白砂糖和草莓抓拌均匀	在这里，一定要记住把白砂糖和草莓抓拌均匀，以看不到大颗粒的白砂糖为准
6	厨房	中景	固定镜头	侧拍	人物将草莓放入锅中	大概一个小时之后，就可以把草莓放入锅中了
7	厨房	特写	固定镜头	侧面平拍	人物打开燃气灶	全程开小火熬，不加一滴水，把草莓的汁水熬出来
8	厨房	中景	固定镜头	侧拍	人物站在灶台前搅拌锅中的草莓	
9	厨房	近景	固定镜头	俯拍	表现人物熬制草莓的局部动作，重点展示草莓	可以看到，粉粉嫩嫩的草莓汁真的超级治愈
10	厨房	特写	固定镜头	俯拍	展示人物熬制草莓过程中草莓的色泽	
11	厨房	中景	固定镜头	侧拍	人物将草莓盛到保鲜盒中	等到草莓变凉一点之后，就把它盛进保鲜盒里。一定不能浪费，把所有的汁水都盛出来
12	厨房	近景	固定镜头	俯拍	换个角度拍摄人物将草莓盛到保鲜盒中	
13	厨房	特写	固定镜头	俯拍	展示草莓汁的诱人色泽	
14	厨房	中景	固定镜头	侧面平拍	人物打开冰箱	大概等待半个小时之后，将草莓放进冰箱，冷冻3小时就可以享用了
15	餐桌	特写	升降镜头	正面平拍	人物品尝冰点草莓	大颗草莓包裹着冰沙，吃起来真的超级满足

5.2　拍摄美食短视频片段

拍摄美食短视频需要注重细节和技巧的运用。接下来，我们将介绍拍摄美食短视频的技巧，并讲解如何拍摄一组展示冰点草莓的制作过程的短视频片段。

5.2.1　拍摄美食短视频的技巧

拍摄美食短视频需要掌握以下关键技巧。

1．选择合适的背景

选择一个简洁、干净的背景，以突出美食。避免使用过于复杂或杂乱的背景，这样容易分散观众的注意力。拍摄美食时，利用不同的背景可以拍出不同的画面。例如，利用深色背景可以拍出低调、高雅的画面，利用浅色背景可以拍出阳光、明快的画面。

2．运用光线

拍摄美食时，光线的重要性不言而喻。为了展现食物的诱人魅力，我们可以寻找自然光充足的环境，如靠近窗户的明亮区域。若光线稍显不足，巧妙运用补光灯或反光板可以有效增强光线，使食物呈现出更加诱人的色泽和质感。建议在清晨太阳初升时，靠近窗户进行拍摄。此时，光线柔和且透过窗户会形成光影交错的效果，能为美食增添独特的艺术效果。另外，将想要重点展示的食物置于光线照射的焦点区域，可以让美食看起来更有光泽和质感，如图5-1所示。

图5-1

3. 选择拍摄角度和构图方法

选择合适的拍摄角度和构图方法，以突出食物的特点和美感。可以从多个角度拍摄，如平视、俯视、侧视等，以展示食物的不同面貌。例如，图5-2采用了接近垂直的角度俯拍，这样拍到的美食是平面的，而图5-3采用了接近45°的夹角俯拍，这样可以让一些背景空间进入画面，使拍出的美食更有立体感。同时，注意运用构图方法，如三分构图、对称构图等，使画面更加平衡和美观。此外，还可以利用特写镜头来捕捉食物的细节，如纹理、色泽等。

图5-2   图5-3

4. 展示切面

拍摄者在拍摄水果、带馅的美食时，将美食切开，通过展示美食的切面，可以更好地突出美食的用料，让人更有食欲。图5-4中的场景不容易激发观众的食欲。将美食切开，贴近美食拍摄，可以更好地突出美食的细节，这样拍摄出的美食能让人更有食欲，如图5-5所示。

图5-4   图5-5

5. 色彩搭配

色彩对于美食短视频来说非常重要，合理的色彩搭配可以让食物看起来更加美味。例如，可以选择与食物颜色相近的餐具或者背景布，让画面更加和谐；或者使用对比色来增强画面的冲击力。

6. 捕捉细节

在拍摄美食短视频时，应特别关注食物的细节，如精致的纹理、诱人的色泽以及别致的摆盘，这些细节可通过特写精准展现，使观众更深入地领略美食的独特魅力。

7. 镜头运用

在拍摄过程中，可以尝试运用不同的镜头来展示食物的不同特点。例如，可以使用推镜头来逐步展示食物的细节，或者使用旋转镜头来展示食物的立体感。同时，还可以运用稳定的镜头来避免画面晃动，优化观众的观看体验。

5.2.2 拍摄"冰点草莓"短视频片段

准备拍摄器材（如手机、手机支架、反光板等）和道具（草莓、沥水篮、白砂糖、保鲜盒等）。

依据拍摄脚本，保质保量地完成拍摄即可。

5-1 拍摄
"冰点草莓"
短视频片段

镜头 1

拍摄人物清洗草莓，将草莓捞出放入沥水篮中，如图5-6所示。拍摄这个镜头时，采用中景，使用手机支架固定镜头从侧面拍摄。

图5-6

镜头 2

切换至俯拍角度，使用特写，表现人物将草莓从水中捞到沥水篮中的局部动作，展示草莓的光泽和细节，突出草莓的新鲜，如图5-7所示。

镜头 3

选择镜头1所用的景别和拍摄角度，拍摄人物摘掉草莓蒂的动作，如图5-8所示。

镜头 4

拍摄人物往碗中倒入白砂糖腌制草莓的过程。在拍摄这个镜头时，将手机立在桌面上，以平视角度贴近草莓进行拍摄，如图5-9所示。

图5-7　　　　　　　　图5-8　　　　　　　　图5-9

镜头 5 ~ 镜头 7

镜头5，将镜头拉近，俯拍人物将白砂糖和草莓抓拌均匀的过程，如图5-10所示。镜头6，拍摄人物将草莓放入锅中，这个镜头采用中景，使用手机支架固定镜头从侧面拍摄，如图5-11所示。镜头7，拍摄人物打开燃气灶的动作，确保手机与灶台保持安全距离，以平视角度贴近燃气灶进行拍摄，如图5-12所示。

图5-10　　　　　　　　图5-11　　　　　　　　图5-12

镜头 8 ~ 镜头 10

镜头8，逆光拍摄人物站在灶台前搅拌锅中草莓的动作，如图5-13所示。拍摄这个镜头时，采用中景拍摄人物的上半身，使用手机支架固定镜头从侧面拍摄，又因为人物靠近窗户且逆光，面部较暗，所以可以使用白色反光板进行补光。

镜头9，近距离俯拍锅中的草莓，展示慢慢熬出草莓汁的细节，如图5-14所示。镜头10，用特写展示草莓在熬制过程中的诱人色泽，如图5-15所示。

图5-13　　　　　　　　图5-14　　　　　　　　图5-15

镜头 11 ~ 镜头 13

镜头11和镜头12，拍摄从锅中盛出草莓的过程。镜头11，以中景从侧面拍摄，如图5-16所示。镜头12，将镜头拉近，从高处俯拍，如图5-17所示。镜头13，用特写俯拍草莓，展示草莓汁的诱人色泽，如图5-18所示。

图5-16　　　　　　　　图5-17　　　　　　　　图5-18

镜头 14

拍摄人物打开冰箱，示意熬好的草莓需要冷藏，如图5-19所示。

图5-19

镜头 15

拍摄人物品尝冰点草莓。我们特别运用了特写镜头，聚焦于人物品尝冰点草莓时满足而愉悦的表情。利用升降镜头，镜头自下而上缓缓移动，先展示保鲜盒内冰点草莓的诱人画面，随后聚焦于人物品尝的瞬间，如图5-20所示。

图5-20

课堂讨论

你认为在拍摄美食短视频时还需要注意哪些问题？与大家分享。

5.3　用剪映制作"冰点草莓"短视频

用剪映制作"冰点草莓"短视频大致包括以下环节：首先导入素材，导入人声和背景音乐，剪辑素材；然后制作关键帧动画，识别字幕，调整字幕效果，设置封面；最后查看并导出短视频。具体操作步骤如下。

5-2　用剪映制作"冰点草莓"短视频

5.3.1　导入素材

在进行剪辑之前，首先需要导入相应的素材，导入素材的操作如下。

（1）将视频素材（案例素材\冰点草莓\"01"～"15"）导入手机相册中备用。

（2）打开剪映，在剪辑界面中点击"开始创作"按钮，如图5-21所示，进入素材选择界面，选择本实例所用素材，如图5-22所示。注意，应按照拍摄脚本中的镜号添加素材。

添加的素材会有序地衔接排列在同一轨道上，如图5-23所示。

| 图5-21 | 图5-22 | 图5-23 |

5.3.2　导入人声和背景音乐

　　剪映不仅允许用户从其自带的音乐库中选择音乐，并且支持用户导入下载的音频素材。

　　（1）将音频素材"冰点草莓配音"和"冰点草莓背景音乐"（案例素材\冰点草莓）导入手机中备用。

　　（2）在轨道左侧点击"关闭原声"按钮，此时界面会提示"原声已全部关闭"，然后点击"音频"按钮。在未选中任何素材的状态下，点击下方工具栏中的"音乐"按钮，如图5-24所示，在其二级工具栏中点击"导入音乐"按钮，再点击"本地音乐"按钮，点击"冰点草莓配音"右侧的"使用"按钮，如图5-25所示，将"冰点草莓配音"添加到剪映中，如图5-26所示。

　　（3）按照步骤（2）的操作方法，将"冰点草莓背景音乐"添加到剪映中，如图5-27所示。

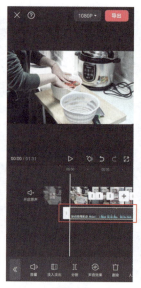
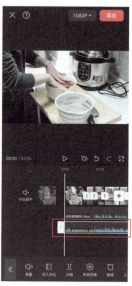

| 图5-24 | 图5-25 | 图5-26 | 图5-27 |

5.3.3　剪辑素材

　　播放视频素材，了解其内容、节奏和可用片段。听取配音内容，理解其信息点、情感和语调。裁剪视频素材，保留可用片段，对配音进行裁剪并移动至合适位置，使每段视频的画面与人声相配。在剪切的过程中，要控制好两个素材的衔接。接下来对本案例中需要剪辑的镜头进行裁剪并灵活调整其位置，确保每一段视频画面都能与配音内容契合。

1.　剪辑视频

　　镜头1，在人物正好捞出草莓的位置裁剪，如图5-28所示。镜头2，在人物将草莓放入沥水篮的位置裁剪，如图5-29所示。这样镜头1就和镜头2实现了无缝拼接，保证了画面转换自然流畅。镜头3，在人物进行两次摘草莓蒂的动作后的位置裁剪，如图5-30所示。

  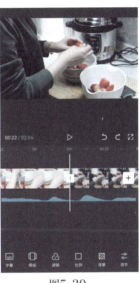

图5-28　　　　　　　　　　图5-29　　　　　　　　　　图5-30

　　镜头5，可以大幅裁剪，保留几个抓拌的动作即可，如图5-31所示。镜头6，可以大幅裁剪，保留几个动作即可，如图5-32所示。

图5-31　　　　　　　　　　图5-32

镜头8～镜头10以不同景别记录人物翻动锅中草莓的过程，对于这3段视频，可以大幅裁剪，每段保留几个动作即可，如图5-33～图5-35所示。

图5-33   图5-34   图5-35

镜头12，在人物从锅中盛完草莓的位置裁剪，如图5-36所示。镜头14，在人物刚打开冰箱的位置裁剪，如图5-37所示。

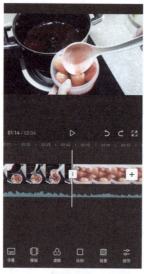

图5-36   图5-37

💡 **提示与技巧**

　　文字转音频。在制作短视频并需要为人声解说配音时，若事先未录制音频，可以充分利用剪映软件提供的"文字转音频"及"文本朗读"功能，根据视频中的文字内容自动生成音频。

　　文字转音频：这是一个将输入的文本内容自动转换为音频文件的过程。具体操作如下。

　　首先导入视频素材，然后在未选中任何特定素材的情况下，点击底部工具栏的"音频"按钮🎵，展开音频功能选项。随后点击"文字转音频"按钮 📑，用户可以在"请输入文案内容"文本框中直接输入想要的解说词。完成文案输入后，选择合适的"配音方式"（即声音效果或语调），等待片刻，剪映就会将文字内容转换成音频。

　　文本朗读：此功能允许用户将视频中已经添加的文字内容逐条转换成音频，并且这些音频会自然地与视频内容同步。具体操作如下。

　　首先确保视频已经添加了需要朗读的文本。然后点击底部工具栏的"文字"按钮■，进入文本编辑界面，选择想要转换成音频的那段文字。最后点击"文本朗读"按钮■，剪映将立即开始处理，将选中的文字内容以语音的形式朗读出来，并自动与视频同步播放。

2.　定格画面

　　将镜头15中展示做好的冰点草莓的画面定格，放到视频的开始位置进行展示。选择最后一段视频，将时间指示器移动至需要定格的画面，在下方工具栏中向左滑动，找到"定格"按钮，如图5-38所示，点击该按钮将画面定格，如图5-39所示。长按定格的画面不放，将它拖曳到视频的开始位置，如图5-40所示。

图5-38

图5-39

图5-40

3.　视频调速

　　（1）在时间轴轨道上选中视频素材，在下方工具栏中找到"变速"按钮并点击，如图5-41所示。
　　（2）在打开的界面中点击"常规变速"按钮，如图5-42所示。

图5-41

图5-42

（3）在打开的"变速"选项栏中将滑块左右滑动，即可进行减速或加速处理（滑块停留在"1×"时，代表此时音频以正常速度播放；当滑块向左滑动时，音频会减速播放，素材时长变长；当滑块向右滑动时，视频会加速播放，素材时长变短），这里将速度调整为"1.5×"，调整完成后点击右下角的"√"按钮即可，如图5-43所示。

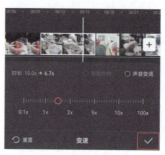

图5-43

4．剪辑音频

（1）点击"音频合集"轨道，如图5-44所示，显示"冰点草莓配音"和"冰点草莓背景音乐"音频轨道，如图5-45所示。

（2）选择"冰点草莓配音"轨道进行剪辑，裁剪并移动至合适位置，使每段视频的画面与配音相配（在剪辑配音的过程中，建议对视频时长进行精细调整，以确保配音与画面完美同步，优化观看体验），如图5-46所示。

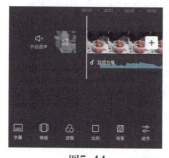
图5-44

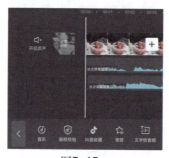
图5-45

图5-46

（3）选择"冰点草莓背景音乐"轨道，将时间指示器移至视频结尾处，点击工具栏中的"分割"按钮，然后选中分割出的多余音频，点击"删除"按钮，如图5-47所示。选中音频素材，点击工具栏中的"淡入淡出"按钮，如图5-48所示，打开"淡入淡出"选项栏，设置音频的淡出时长为"5s"，设置完成后点击右下角的"√"按钮即可，如图5-49所示。

图5-47

图5-48

图5-49

5.3.4　制作关键帧动画

在剪映中可以使用关键帧制作动画，下面使用剪映为定格画面制作逐渐放大的动画效果。

（1）选中想要添加关键帧的素材，将时间指示器移至3秒处，点击"添加关键帧"按钮◇，如图5-50所示，在此处添加一个关键帧，如图5-51所示。

图5-50　　　　　　　　图5-51

（2）将时间指示器移至定格画面的结尾处，点击"添加关键帧"按钮◇，在此处添加一个关键帧，如图5-52所示。

（3）将两根手指放在画面上向外展开以放大画面，如图5-53所示。此时两个关键帧之间会出现逐渐放大的动画效果，播放视频即可查看动画效果。

图5-52　　　　　　　　图5-53

💡 提示与技巧

使用剪映时，选中要添加关键帧的素材，点击"添加关键帧"按钮◇，即可添加关键帧；选中关键帧，点击"删除关键帧"按钮◇，即可删除关键帧。

5.3.5　自动识别字幕

（1）点击"文字"按钮，如图5-54所示，再点击"识别字幕"按钮，如图5-55所示。

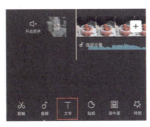 

图5-54　　　　　　　　图5-55

（2）在弹出的对话框中点击"开始匹配"按钮，如图5-56所示，就可以自动识别出字幕，如图5-57所示。

（3）自动识别的内容并不一定完全正确，我们需要核对字幕，识别并改正差错。

图5-56　　　　　　　　　图5-57

5.3.6　调整字幕效果

字幕的样式不一定是我们需要的，可以在"样式"中对字幕效果进行调整。

（1）选中轨道中的文字，点击界面下方的"样式"按钮，如图5-58所示。

（2）切换到"花字"选项卡，在其中选择合适的花字样式，如图5-59所示。还可以在"样式"中对文字的字号、颜色、描边等做进一步调整。

图5-58　　　　　　　　　图5-59

在时间轴轨道中按住文本素材，当文本素材呈深色时，可以左右拖动文本素材来调整其在时间轴轨道中的位置。

5.3.7 设置封面

我们通常会为美食类短视频制作一个封面，这是因为封面在吸引观众、传达短视频的主题和内容方面起着至关重要的作用。

（1）点击轨道左侧的"设置封面"按钮，如图5-60所示。

（2）在弹出的界面中先左右滑动选择合适的封面，再点击"封面模板"按钮，如图5-61所示。

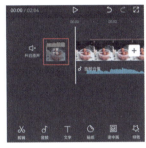

图5-60   图5-61

（3）在弹出的界面中点击"美食"选项，在出现的模板中选择一个合适的模板并点击，再点击"√"按钮即可应用模板，如图5-62所示。

（4）点击"自制"显示编辑控件，点击"关闭"按钮将其删除，如图5-63所示。

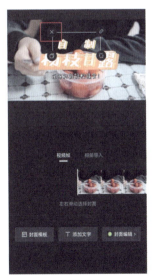

图5-62   图5-63

（5）点击"杨枝甘露"显示编辑控件，再点击该文字，显示文本框，如图5-64所示，将文字替换为"冰点草莓"，点击右侧的"√"按钮，如图5-65所示。

（6）分别点击封面两组文字的显示编辑控件，拖动控件移动字幕，单击"保存"按钮，如图5-66所示。完成封面设置，效果如图5-67所示。

图5-65

图5-64

图5-66

图5-67

　　在设置短视频封面时，需要注意以下几点：①确保封面图像清晰度高，以展现最佳视觉效果；②封面内容应与短视频主题紧密相关，避免使用违规内容；③文字设计应简洁明了，避免文字过多影响观感；④封面的色彩搭配要与短视频内容相协调，以吸引观众眼球；⑤保持封面设计的风格统一，特别是在系列短视频中，以加深观众对短视频的印象。

5.3.8　导出短视频

　　设置完成后，点击"播放"按钮▷查看短视频，对短视频的细节进行调整，如图5-68所示。然后点击"导出"按钮，如图5-69所示，即可将短视频导出到手机相册中。

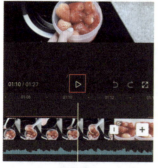

图5-68

图5-69

思考与练习

一、单选题

1. 如何确保在剪映中使字幕与视频内容相匹配？（　　）
    A. 只需根据视频主题选择合适的字幕样式
    B. 需要根据视频内容精确调整字幕的位置、显示时间和内容
    C. 无须考虑字幕与视频内容是否匹配
    D. 只需确保字幕的字体和颜色与视频风格一致
2. 在剪映中，字幕的哪些属性可以调整？（　　）
    A. 字体和字号　　　　　　　B. 颜色和背景样式
    C. 显示时间和动画效果　　　D. 以上都可以
3. 剪映的（　　）功能可以用于调整视频的播放速度。
    A. 剪辑　　　　　　　　　　B. 变速
    C. 分割　　　　　　　　　　D. 节拍

二、填空题

1. 拍摄者在拍摄水果、带馅的美食时，将美食切开，通过展示美食的（　　），可以更好地突出美食的用料，让人更有食欲。
2. 在剪映中将时间指示器移动至需要定格的画面，在下方工具栏中向左滑动，找到（　　）按钮，点击该按钮将画面定格。
3. 剪映的（　　）功能可以自动识别配音字幕。

三、判断题

1. 在剪映中可以使用关键帧制作动画。（　　）
2. 在剪映中可以使用封面模板设置封面。（　　）
3. 在剪映中输入字幕后，不能修改字幕样式。（　　）

四、简答题

1. 简述定格画面的方法。
2. 简述视频变速的方法。
3. 简述为视频设置封面的方法。

五、实操题

1. 拍摄一个展示中式面点制作过程的短视频。
2. 对拍摄的短视频进行剪辑，为其配上合适的字幕和音乐，并制作封面。

第 **6** 章

宠物短视频

本章导读

　　本章将详细介绍宠物短视频内容的策划流程，深入剖析每个关键环节。同时，本章将详细讲解宠物拍摄的关键技巧，并讲解如何使用剪映将拍摄的素材剪辑成一个生动有趣的短视频。通过本章的学习，读者不仅能够掌握宠物短视频制作的全流程和核心技巧，还能够提升创作能力。

学习目标

1. 掌握宠物短视频内容的策划方法
2. 掌握宠物短视频的拍摄方法
3. 掌握宠物短视频的后期制作方法
4. 掌握使用剪映制作卡点短视频的方法
5. 掌握使用剪映调整画面色调的方法

6.1　策划宠物短视频的内容

宠物往往自带萌感，它们可爱的外貌、活泼的举止以及与主人互动时的表情，都能迅速捕获观众的心。而宠物短视频正是利用这一独特优势，通过精心策划，巧妙捕捉并展示宠物的趣事、搞笑瞬间或独特才艺，为观众带来无尽的欢乐。下面详细介绍宠物短视频内容的策划方法，以便读者成功制作出具有吸引力的宠物短视频内容。

6.1.1　确定主题和风格

为宠物短视频确定主题和风格时，需要综合考虑多个因素，以确保宠物短视频的内容具有吸引力。

1．确定主题

（1）明确目标受众。首先，我们需要明确宠物短视频的目标受众是谁，他们的兴趣和需求是什么。例如，如果目标受众主要是养宠物的新手，那么宠物训练技巧、宠物健康饮食建议或宠物护理知识等主题可能更受欢迎；如果目标受众是宠物爱好者，他们可能更喜欢观看有关宠物日常生活和趣事的视频。

（2）结合宠物特点。根据我们的宠物或我们想要展示的宠物的特点来确定主题。宠物的品种、性格、技能或特殊习惯都可以成为短视频的主题。例如，我们可以通过展示宠物的独特才艺和技能来吸引观众。

（3）选定题材和形式。根据目标受众的需求和兴趣及宠物特点，选择合适的题材和形式。宠物短视频的题材包括宠物日常、宠物技能、养宠攻略、"闭坑"指南等，形式包括记录式、访谈式、情景剧式等。

2．确定风格

（1）轻松有趣。宠物短视频风格轻松有趣，内容上巧妙融入创意元素，将宠物日常生活中的小细节转化为令人捧腹的故事或场景。通过展示宠物的趣事、搞笑瞬间及独特才艺，让观众在忙碌的生活中找到一丝轻松和愉悦。

（2）情感连接。宠物短视频常常能够唤起观众的情感共鸣。我们可以通过呈现宠物与主人之间的情感纽带，打造温馨感人的主题，讲述宠物与主人之间的故事，展现宠物对主人的忠诚和爱。同时，我们也可以聚焦于宠物间的亲密互动，讲述它们之间的真挚友情和温馨亲情，为观众带来无尽的温暖与感动。此类短视频需要明确主题、情节、角色、场景等要素，将幽默或感人的故事情节呈现给观众。

6.1.2　选择场景和道具

拍摄宠物短视频时，选择场景和道具需要综合考虑宠物的特点、安全性和视觉效果等因素，以创作出有趣、可爱的宠物短视频。以下是一些关于拍摄宠物短视频时选择场景和道具的注意事项。

1．场景选择

（1）考虑宠物习性。根据宠物的种类和习性，选择一个适合它们活动的环境。例如，对于狗，可以选择公园、沙滩或客厅；对于猫咪，可以选择阳台、窗台、宠物床、花园、有猫咪的书店等。

（2）确保安全。在选择场景时，务必确保宠物和拍摄者的安全。避免有潜在危险的区域，如交通繁忙的街道、高处等。

（3）考虑光线。优先选择阳光充足、光线柔和的户外环境，如公园、庭院等，自然光有助于营造自然的画面效果，同时应避免使用闪光灯，以免对宠物的眼睛造成伤害。如果在室内拍摄，想要确保光线充足，可以通过窗户引入自然光或使用照明设备来补充光线。

（4）色彩搭配。拍摄宠物短视频时，色彩搭配对于提升短视频的整体视觉效果和吸引力至关重要。以下是一些关于色彩搭配的注意事项。

① 选择能够突出宠物主体的背景色彩。通常，浅色系的背景可以让深色的宠物更为显眼，而深色系的背景则适用于浅色系的宠物。

② 利用色彩对比来突出宠物。例如，白色宠物与绿色草地或深色背景能形成鲜明对比，而深色宠物在浅色背景中也能产生较好的对比效果。另外，如果宠物本身拥有多种鲜艳的色彩。例如，一只色彩斑斓的鹦鹉，可以将它置于一个具有中性色调的环境中，如灰色、米色或淡褐色的背景前，这样会让鹦鹉的色彩更加突出。

③ 尽量还原宠物的真实色彩。选择合理的拍摄设备和后期调色工具，以确保画面中的宠物色彩自然、真实。

④ 避免过于花哨或混乱的色彩搭配，以保持画面和谐统一。选择与宠物色彩相协调的道具，以增强短视频的整体视觉效果。

2．道具选择

（1）宠物玩具。根据宠物的喜好，选择适合它们的玩具，如小球、玩偶、逗猫棒等。这些玩具可以作为道具，吸引宠物的注意力，增强短视频的趣味性。

（2）食物。食物是吸引宠物的好道具。在拍摄过程中，可以用它们来引导宠物做出有趣的动作或表情。

（3）服装和配饰。为宠物准备一些可爱的服装和配饰，如帽子、围巾、项圈、眼镜、领结等，如图6-1所示。这些道具可以增强短视频的趣味性，同时让宠物看起来更加可爱。

图6-1

6.1.3　撰写拍摄提纲

撰写宠物短视频的拍摄提纲，可以帮助我们创作出有趣且吸引人的内容。

下面介绍"猫咪日常"短视频的拍摄提纲，具体如表6-1所示。

表6-1 "猫咪日常"短视频拍摄提纲

镜号	场景描述	拍摄要点
1	猫咪在阳台上玩耍，同伴在外面与之隔窗相望	拍摄阳台和猫咪的活动场景。注意捕捉猫咪和窗外同伴互动的瞬间，如互相凝视、"喵喵"叫等
2	猫咪在吃猫粮	将镜头对准猫粮碗和猫咪的头部，捕捉其专注的样子
3	猫咪玩玩具蜻蜓	将镜头对准猫咪和玩具蜻蜓，捕捉猫咪玩耍的动作
4	猫咪看鱼缸中的鱼	将镜头对准鱼缸和猫咪的面部，捕捉其好奇和警惕的表情。展示猫咪慢慢接近鱼缸的动作，捕捉其小心翼翼的神态
5	主人在沙发上用逗猫棒逗猫咪玩	将镜头对准沙发和猫咪，捕捉猫咪跳跃、追逐逗猫棒的动作和表情

课堂讨论

拍摄猫咪短视频时，还可以拍摄哪些有趣的画面？

6.2 拍摄宠物短视频片段

为了帮助读者捕捉宠物那些令人心动的可爱瞬间，并创作出既有趣又吸引人的短视频，接下来，我们将介绍宠物短视频的关键拍摄技巧，并讲解如何拍摄一组宠物短视频片段。

6.2.1 拍摄宠物短视频的技巧

拍摄宠物短视频需要掌握以下关键技巧。

1. 对焦和曝光

尽量将对焦点锁定在宠物的眼睛上，这样可以吸引观众的注意力，如图6-2所示。

根据宠物的颜色调整曝光量，如拍摄白色宠物就减少曝光量，拍摄黑色宠物就增加曝光量，以确保画面不会过曝或欠曝。

图6-2

2. 选择合适的角度和光线

尽量让镜头与宠物的视平线持平，如蹲下或趴在地上拍摄，这样可以让观众更真切地感受到宠物的视角，更好地展示宠物的可爱和细节，如图6-3所示。

明亮的环境对于拍摄非常重要，能够凸显宠物的毛发质感和细节。尽量避免逆光拍摄，以免宠物的面部和动作变得模糊不清。但在阳光照射角度较低的傍晚时分，采用逆光或侧逆光拍摄可以使宠物的毛发呈现金色镶边效果，如图6-4所示。

图6-3

图6-4

3. 抓住宠物的特点

观察并了解宠物的个性和行为习惯等特点，捕捉它们最可爱、最独特的瞬间。例如，猫咪扑蝶、伸懒腰、舔爪子、酣睡等，如图6-5所示，狗欢快地跳跃、打滚等。

图6-5

4. 捕捉细节

（1）特写镜头。使用长焦镜头或靠近宠物拍摄特写镜头，如突出宠物的眼睛、毛发等细节。

（2）快速反应。宠物的动作多变，我们应根据宠物的习性，预测它们可能做出的动作，以捕捉这些瞬间。

5. 保持冷静和耐心

宠物不会像专业演员那样听从指令，它们有自己的行动方式和节奏。在拍摄过程中，宠物的表现可能充满了不确定性和不可预测性，因此摄像师需要保持足够的耐心来等待和捕捉那些宝贵的瞬间。不要对宠物发火，否则只会让情况变得更糟。应试着与宠物建立更加亲密的关系，让它们在放松的状态下自然地表现自己。

💡 **提示与技巧**

拍摄宠物短视频时，可以采用了解宠物的习性、利用"诱饵"、多次尝试、捕捉自然瞬间、保持冷静和享受过程等方法。注意，尊重宠物的个性和行为习惯，不要强迫它们做出不自然的动作或表情。同时，通过多样化的拍摄方式和角度，展示宠物的多面性和生活细节，让观众更加深入地了解宠物的世界。

6.2.2 拍摄"猫咪日常"短视频片段

准备拍摄器材，如手机和手机支架等。接着准备一系列吸引猫咪的道具，如玩具熊、鱼缸、玩具蜻蜓和逗猫棒，这些都将是我们与猫咪互动的得力助手。

在拍摄过程中，可以根据实际情况对"猫咪日常"短视频拍摄提纲进行微调，确保捕捉到猫咪最自然、最有趣的瞬间。

6-1 拍摄
"猫咪日常"
短视频片段

镜头 1

使用广角镜头俯拍猫咪在阳台上玩耍的场景。画面中，猫咪在阳台边欢快地跳跃、翻滚，尽情享受着它的玩具带来的乐趣。窗外的同伴被猫咪的动作吸引，它们目不转睛地盯着它，嘴巴微微张开，仿佛在低语着，期盼能和它一起玩耍。猫咪感受到了同伴的呼唤，它停止玩耍，望向窗外，与同伴展开了互动，如图6-6所示。

图6-6

镜头 2

使用特写镜头俯拍猫咪低头吃猫粮时专注的样子，如图6-7所示。

镜头 3

将视角放低，可以蹲下，尽量使镜头与猫咪的视平线持平，捕捉猫咪刚看见鱼时的好奇表情。画面中，猫咪被鱼缸吸引，小心翼翼地靠近鱼缸，眼睛紧紧盯着鱼缸里的鱼，仿佛想要触摸鱼，当它快要触碰到鱼缸时，又迅速退到一旁，眼中充满了好奇和警惕，如图6-8所示。

图6-7   图6-8

镜头 4

采用低角度从正面捕捉猫咪和主人精彩的互动场景。画面中，主人拿一只玩具蜻蜓逗引猫咪，猫咪跃起，伸出爪子试图捕捉玩具蜻蜓，眼睛瞪得圆溜溜的，目光紧锁在玩具蜻蜓上，充满了狩猎的渴望。主人将玩具蜻蜓给了猫咪，猫咪开心地玩了起来，如图6-9所示。

图6-9

镜头 5

俯拍主人拿着逗猫棒与猫咪互动的镜头。画面中，主人拿着逗猫棒在沙发上轻轻挥动，吸引猫咪的注意，猫咪紧盯着它，耳朵竖立，尾巴轻轻摆动，开始追逐逗猫棒，时而跳跃，时而扑抓，动作敏捷而灵活，如图6-10所示。

图6-10

6.3 用剪映制作"猫咪日常"短视频

用剪映制作"猫咪日常"短视频大致包括以下环节：首先导入素材，对素材进行剪辑；接着选取合适的音乐，根据音乐节奏制作卡点视频，为视频制作关键帧动画，添加转场，调整画面色调，添加边框、字幕和贴纸；最后检查并导出短视频。具体操作步骤如下。

6-2 用剪映制作"猫咪日常"短视频

6.3.1　导入并剪辑素材

1.　导入素材

在进行剪辑之前，首先需要导入相应的素材，导入素材的操作如下。

（1）将本书提供的视频素材（案例素材\猫咪日常\"01"～"05"）导入手机相册中备用。

（2）打开剪映，在剪辑界面中点击"开始创作"按钮。

（3）进入素材选择界面，点击素材缩览图右上角的圆圈可以选中目标，完成选择后，点击右下角的"添加"按钮，如图6-11所示。

添加的素材会有序地衔接排列在同一轨道上，如图6-12所示。

2.　剪辑素材

对素材进行剪辑，去除冗余部分，保留最精彩、最有趣的片段，如图6-13所示。

图6-11

图6-12

图6-13

6.3.2　制作卡点短视频

卡点短视频是当今短视频平台中比较热门的短视频类型，可以将画面的每次转换与音乐的鼓点相结合，使画面变得更有节奏感。

1.　选取卡点音乐

认真观看短视频内容后，从音乐库中精心挑选一首与猫咪动态完美契合的卡点音乐，将使短视频更具吸引力。

（1）返回一级菜单，在轨道左侧点击"关闭原声"按钮，此时界面会提示"原声已全部关闭"，然后点击"音频"按钮，如图6-14所示。

（2）在未选中任何素材的状态下，点击下方工具栏中的"音乐"按钮，如图6-15所示。

（3）进入音乐选择界面，在音乐库中选取音乐，找到"卡点"类别并点击，如图6-16所示。

（4）进入"卡点"类别的音乐列表，选择一首合适的音乐，点击↓按钮，之后该按钮变成"使用"，点击"使用"按钮，应用音乐，如图6-17所示。

图6-14

图6-15

图6-16

图6-17

2. 使用自动踩点功能

（1）选中音频轨道，点击下方工具栏中的"节拍"按钮，如图6-18所示，打开"节拍"选项栏，打开"自动踩点"，再点击"√"按钮，如图6-19所示。

（2）此时，音乐素材下方会自动生成音乐节奏标记点，如图6-20所示。

图6-18

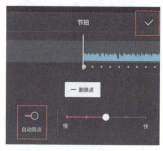
图6-19

图6-20

3. 调整短视频的速度和持续时间

在剪辑短视频时，对短视频进行恰到好处的变速处理，使短视频节奏适应音频节奏，可以提升短视频的趣味性和吸引力。

（1）选中镜头1，在下方工具栏中找到"变速"按钮并点击，如图6-21所示。在打开的界面中点击"常规变速"按钮，如图6-22所示。在打开的"变速"选项栏中将速度调整为"1.1×"，之后点击右下角的"√"按钮，如图6-23所示，然后按住该素材尾部的白色图标，将持续时间调整到第6个标记点处，如图6-24所示。

图6-21

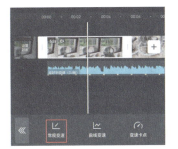

图6-22

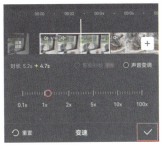

图6-23

图6-24

（2）选中镜头2，将"常规变速"的速度调整为"1.5×"，如图6-25所示。选中镜头2，在第8个标记点处将镜头2裁剪为两段，如图6-26所示。选择第2段，在"变速"选项框中选择"曲线变速"如图6-27所示，在弹出的界面中选择"蒙太奇"，点击右下角的"√"按钮，如图6-28所示，然后按住该素材尾部的白色图标，将持续时间调整到第10个标记点处，如图6-29所示。

（3）选中镜头3，然后按住该素材尾部的白色图标，将持续时间调整到第14个标记点处，如图6-30所示。

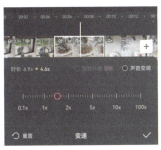

图6-25

图6-26

图6-27

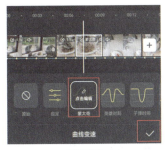

图6-28

图6-29

图6-30

（4）选中镜头4，在第16个标记点处将镜头4裁剪为两段。选择第2段，在"曲线变速"中选择"蒙太奇"，点击右下角的"√"按钮，然后按住该素材尾部的白色图标，将持续时间调整到第18个标记点处，如图6-31所示。

（5）选中镜头5，在第24个标记点处将镜头5裁剪为两段。选择第2段，在"曲线变速"中选择"蒙太奇"，点击右下角的"√"按钮，如图6-32所示。

（6）选中音频素材，将时间指示器移至短视频结尾处，点击工具栏中的"分割"按钮，然后选中分割出的多余音频，点击"删除"按钮。点击工具栏中的"淡入淡出"按钮，打开淡化选项栏，设置音频的淡出时长为"5s"，设置完成后点击右下角的"√"按钮，如图6-33所示。

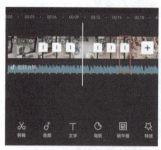
图6-31

图6-32

图6-33

6.3.3 制作关键帧动画

选择镜头5中的第1段素材，点击"添加关键帧"按钮◇，添加3个关键帧。调整中间关键帧的画面大小，将其放大至所需程度；结束关键帧的画面大小与起始关键帧的画面大小，保持原大小，如图6-34所示。

图6-34

6.3.4 添加转场效果

（1）点击两段素材中间的"转场"按钮 | ，如图6-35所示。

（2）在打开的"转场"选项栏中选择"热门"类别中的"拉远"效果，即可预览该转场效果，并且下方会出现转场时长。滑动下方调节轴可调节转场时长，点击"全局应用"按钮，调整完成后点击"√"按钮，如图6-36所示。这样短视频中所有素材之间都添加了此转场效果。

图6-35　　　　　　　图6-36

（3）镜头2、镜头4、镜头5这几个镜头之前被裁剪为两段，它们之间的转场效果需要删掉。点击镜头2两段素材之间的转场效果，如图6-37所示，进入"转场"选项栏，点击"无"按钮，即可删除转场效果，如图6-38所示。按相同方法，删除镜头4、镜头5的转场效果。

图6-37　　　　　　　图6-38

6.3.5　调整画面色调

调整画面色调是短视频编辑过程中必不可少的一项操作，不同的画面色调可以表达不同的主题思想，传递不同的情感。画面色调应该符合短视频的主题，恰到好处，避免过度夸张。

（1）在未选中任何素材的情况下，点击底部工具栏中的"调节"按钮，如图6-39所示。进入"调节"工具栏，调节功能包含了多种选项（亮度、对比度、饱和度等），向左滑动工具栏，找到"光感"按钮并点击，向右滑动下方的滑块，提亮画面，点击"√"按钮，如图6-40所示。

（2）此时轨道区域会生成可调节时长和位置的"调节1"素材，选中该素材，点击下方工具栏中的"编辑"按钮可继续编辑。如果想要重新设置，将其选中后，点击"删除"按钮即可。选中轨道中的"调节1"素材，向右拖动其尾部的白色图标▯，使其持续时间与短视频的时长一致，点击空白处取消"调节1"选中状态，如图6-41所示。

图6-39　　　　　　　　图6-40　　　　　　　　图6-41

（3）点击"新增滤镜"按钮，如图6-42所示。在弹出的界面选择一种合适的滤镜效果，这里选择"冷白"滤镜，点击"√"按钮，如图6-43所示。选中轨道中的"冷白"素材，向右拖动其尾部的白色图标▯，使其持续时间与短视频的时长一致，如图6-44所示。

图6-42　　　　　　　　图6-43　　　　　　　　图6-44

　　AI自动调色。在剪映中添加视频后，选中素材，点击底部工具栏中的"调节"按钮 ，打开"调节"选项栏，在此界面中点击其中的"智能调色"按钮，利用AI智能分析技术，自动为视频赋予适宜的色调风格，瞬间提升视觉质感。随后还可以点击"色彩校正"按钮，手动调整色彩参数，以达到更好的平衡画面颜色。

6.3.6　添加边框

　　（1）返回一级菜单，在未选中任何素材的状态下，点击下方工具栏中的"特效"按钮，如图6-45所示，在弹出的界面中点击"画面特效"按钮，如图6-46所示。

图6-45　　　　　　　　　　　　图6-46

　　（2）进入画面特效选择界面，点击"边框"按钮，选择合适的边框，再点击"√"按钮，即可为短视频添加边框，如图6-47所示。

　　（3）选中轨道中的"手绘拍摄器"边框，向右拖动其尾部的白色图标 ，使特效持续时间与短视频的时长一致，如图6-48所示。

图6-47　　　　　　　　　　　　图6-48

6.3.7　使用文字模板

（1）将时间指示器移至短视频的开头，返回一级菜单点击工具栏中的"文字"按钮，如图6-49所示。

（2）在二级菜单中点击"文字模板"按钮，如图6-50所示。

图6-49　　　　　　　图6-50

（3）进入"文字模板"选项栏，在选项栏的"手写字"类别中选择一个合适的模板，再点击"√"按钮即可应用，如图6-51所示。

（4）选中轨道中的文字模板，将模板移动到合适位置，然后按住其尾部的白色图标 向右拖动，延长其持续时间，如图6-52所示。

图6-51　　　　　　　图6-52

6.3.8　添加贴纸

（1）选择贴纸。在不选中任何素材的情况下，点击下方工具栏中的"贴纸"按钮，如图6-53所示，然后在二级菜单中点击"添加贴纸"按钮，在选项栏中选择合适的贴纸，也可以在"搜索"文本框中输入关键词"胆小"，显示相关贴纸，点击其中的一个贴纸，如图6-54所示。

（2）选中轨道中的贴纸素材，将其时长设置为与镜头3相同。然后用双指在画面中缩小贴纸，并将其移至画面的右上方，如图6-55所示。

（3）应用动画。选中轨道中的贴纸素材，点击下方工具栏中的"动画"按钮，如图6-56所示，在弹出的界面中选择"入场动画"，再选择"旋入"，点击右下角的"√"按钮即可为贴纸应用动画效果，如图6-57所示。

| 图6-53 | 图6-54 | 图6-55 |

| 图6-56 | 图6-57 |

6.3.9 导出短视频

设置完成后，点击"播放"按钮▷查看短视频，对短视频的细节进行调整，如图6-58所示。然后点击"导出"按钮，如图6-59所示，即可将短视频导出到手机相册中。

| 图6-58 | 图6-59 |

💡 提示与技巧

AI短视频创作。在制作短视频时，为了高效利用时间和精力，剪映的"剪同款"功能成为了一个理想的选择。作为剪映的一项独特亮点，"剪同款"提供了丰富多彩的视频创作模板，用户只需简单地将自己的视频或图像素材添加到模板中，即可自动应用预设的特效、转场、卡点等效果，迅速生成一条完整的短视频。具体操作如下。

在剪映首页点击底部的"剪同款"按钮，轻松访问各类精心设计的模板库。在模板中挑选一个要用的模板后，点击该模板可预览其效果。随后点击模板视频界面右下角的"剪同款"按钮，进入素材选取界面，在素材选取界面底部会提示用户需要选择几段素材，以及视频素材或图像素材所需的时长，确保素材与模板完美匹配。完成素材的挑选和上传后，依次点击"下一步"和"导出"按钮，稍作等待后即可生成一段短视频作品。

思考与练习

一、单选题

1. 制作卡点短视频的关键在于把握（　　　）。
   A. 音乐的流行趋势　　　　　B. 音乐的节奏
   C. 音乐的时长　　　　　　　D. 音乐的演唱者
2. 在剪映中，（　　　）功能可以方便地调整短视频的时长。
   A. 分割　　　　　　　　　　B. 缩放
   C. 变速　　　　　　　　　　D. 旋转
3. 以下不属于剪映中调节功能的选项是（　　　）。
   A. 亮度　　　　　　　　　　B. 对比度
   C. 饱和度　　　　　　　　　D. 滤镜

二、填空题

1. 在剪映中点击底部工具栏中的（　　　）按钮，可以对短视频画面的亮度、对比度、饱和度、光感、锐化等进行调整。
2. 剪映中的"蒙太奇"变速效果属于"变速"中的（　　　）变速。
3. 在剪映中使用（　　　）按钮，可以为短视频添加边框。

三、判断题

1. 在剪映中，为短视频添加贴纸后不能为贴纸应用动画效果。（　　　）
2. 图片不能用于制作卡点短视频。（　　　）
3. 在剪映中新增滤镜效果之后，整段短视频都会应用，不用手动调节滤镜效果的持续时间。（　　　）

四、简答题

1. 简述使用剪映为短视频添加边框的方法。
2. 简述使用剪映为短视频添加贴纸的方法。
3. 简述在剪映中实现音乐自动卡点的方法。

五、实操题

1. 拍摄一段宠物短视频，要求使用远景、全景、特写的景别进行拍摄。
2. 自选主题并录制一个宠物短视频，使用剪映将其制作成卡点短视频。

第 **7** 章

旅拍Vlog

本章导读

　　本章将详细介绍旅拍Vlog内容的策划流程，深入剖析每个关键环节。同时，本章将详细讲解风光与街头短视频拍摄的关键技巧，并介绍如何使用Premiere将拍摄的素材剪辑成一个引人入胜的短视频。

学习目标

1. 掌握旅拍Vlog内容的策划方法
2. 掌握旅拍Vlog的拍摄方法
3. 掌握旅拍Vlog的后期制作方法
4. 掌握使用Premiere裁剪素材的方法
5. 掌握在Premiere中添加视频过渡与音频过渡效果的方法

7.1　策划旅拍Vlog的内容

　　旅拍Vlog强调真实性和个性化，通过拍摄者的视角展示其在旅行中的所见所闻、所感所想。观众更加看重旅拍Vlog的真实性和拍摄者个人的独特视角，因此在策划旅拍Vlog的内容时，我们要注重展现个人的独特风格和旅行体验，让观众了解到真实而有趣的旅行故事。

　　在策划旅拍Vlog的内容时，需要提前设计旅程和拍摄计划，包括想要拍摄的场景、景点等，确保以Vlog的形式完整、清晰地展示旅行中的故事。

7.1.1　确定主题和风格

　　确定旅拍Vlog的主题和风格是创作过程中至关重要的环节，它们将直接影响旅拍Vlog的整体效果和观众的观看体验。

1．确定主题

　　（1）目的地的特色。确定将要前往的目的地，并深入了解该地的特色、文化、地标建筑等信息，根据目的地的特色来确定旅拍Vlog的主题。例如，如果目的地是一个自然风光秀美的地区，可以将主题定为"探索大自然的奥秘"；如果目的地是一个拥有深厚历史底蕴的城市，可以将主题定为"穿越时光的历史之旅"。

　　（2）个人兴趣。除了考虑目的地的特色外，还可以根据自己的兴趣和爱好来确定旅拍Vlog的主题。例如，如果你对美食有浓厚的兴趣，可以将主题定为"舌尖上的旅行"；如果你喜欢摄影，可以将主题定为"用镜头记录旅行中的美好"。

　　（3）旅行建议和攻略。对于旅行爱好者来说，一部具有实用性和指导性的旅拍Vlog可以提供很多有用的旅行建议和攻略。旅拍Vlog可以分享一些实用的旅行技巧、注意事项等，帮助观众更好地规划自己的旅行路线和行程安排；也可以推荐一些值得观赏或品尝的景点或美食等，让观众在欣赏旅拍Vlog的同时，也能获得实际的旅行建议。

2．确定风格

　　（1）真实自然。旅拍Vlog应该尽可能展现真实的旅行经历和情感，因此，真实自然应该是其最基本的风格要求。可以通过第一视角、现场录音等方式来增强旅拍Vlog的真实感。

　　（2）轻松幽默。旅行是一件令人轻松愉悦的事情，因此，轻松幽默的风格也很受欢迎。可以在旅拍Vlog中加入一些幽默的元素，如搞笑的瞬间、有趣的对话等，让观众在轻松愉快的氛围中了解你的旅行经历。

　　（3）旅行攻略。提供实用的旅行建议和攻略信息，适合有明确旅行计划并希望获取实用信息的观众。这种风格的Vlog通常会详细介绍旅行目的地的交通、住宿、美食、景点等方面的信息，并给出一些实用的建议和注意事项。

7.1.2　选择环境和设备

　　环境和设备对于最终的作品质量有着至关重要的影响。在选择环境和设备时，需要根据自己的需求和实际情况进行综合考虑，以确保拍出高质量、有趣味的旅拍Vlog。

1. 环境选择

（1）自然风光。美丽的自然风光是旅拍Vlog的绝佳选择。无论是海滩、山川、森林还是城市风光，都能为旅拍Vlog增添独特的魅力。

（2）特色建筑。具有特色的建筑也是很好的拍摄环境。古老的城堡、现代化的摩天大楼、风格独特的民居等，都能成为旅拍Vlog的亮点。

（3）人文景观。人文景观也是非常重要的拍摄环境。例如，当地的市集、文化活动、民俗表演等，都能让观众更深入地了解当地的文化和生活。

（4）室内环境。如果条件允许，室内环境也是一个不错的选择。当地一些具有特色的咖啡馆、书店、博物馆、民宿等，都能为旅拍Vlog营造不同的氛围。

2. 设备选择

（1）拍摄设备。进行旅拍Vlog的拍摄可以选择微单、运动相机、无人机和手机。微单是旅行时拍摄短视频的热门选择，因为它们通常轻便、易于携带，同时又能拍出出色的画面；运动相机具备出色的防抖性能，可以在各种复杂环境下稳定拍摄画面，另外，有些运动相机还具备防水功能，适合在水下拍摄；无人机是拍摄风景或大场景的绝佳工具。在选择设备时，需要考虑自己的需求和预算。如果追求更高品质的画质和性能，可以选择微单、运动相机和无人机；如果想要轻便易携带的设备，可以选择手机。

（2）稳定设备。可以根据拍摄需求配备稳定设备，如三脚架、稳定器、自拍杆等。

（3）灯光设备。由于旅行拍摄需要经常移动，因此补光灯需要具备一定的便携性，方便携带和使用。在光线不足的情况下，灯光设备可以提供必要的光线。例如，环形闪光灯、手持补光灯、LED棒灯等，都能让画面更加明亮、清晰。

（4）存储设备。为了确保拍摄过程不会因拍摄设备的存储空间不足而中断，需要准备足够的存储设备，如SD卡、移动硬盘等。

7.1.3 撰写拍摄脚本

撰写拍摄脚本的目的在于确保旅拍Vlog内容的连贯性、逻辑性和吸引力，从而优化观众的观看体验。

下面介绍"正定古城"短视频拍摄脚本，具体如表7-1所示。

表7-1 "正定古城"短视频拍摄脚本

镜号	时间	景别	拍摄手法	拍摄角度	内容
1	下午	全景	固定镜头	正面平拍	古城入口处，拍摄牌坊及车流
2	下午	远景	固定镜头	仰拍	人物走近城门入口处
3	下午	—	固定镜头	仰拍	人物从城门内向前走
4	下午	特写	固定镜头	侧拍	拍摄人物前行的脚步
5	下午	远景	固定镜头	平拍	人物在红色古墙下从右至左大步行走
6	下午	—	固定镜头	正面平拍	人物由远及近走入凉亭
7	下午	中景、近景	固定镜头	侧拍	人物轻轻地用手抚过正定古城的城墙，镜头聚焦于城墙的古老纹理和细节

续表

镜号	时间	景别	拍摄手法	拍摄角度	内容
8	下午	特写	固定镜头	仰拍	拍摄挂有风铃的古城建筑一角
9	下午	近景	升降镜头	—	展示殿门的整体外观
10	下午	近景	升降镜头	仰拍	拍摄天王殿外景，人物用手指向天王殿的牌匾
11	下午	特写	固定镜头	仰拍	人物伫立在红墙旁远眺，张开手掌遮挡晃眼的阳光
12	下午	中景	固定镜头	仰拍	人物在殿外看鸽子飞起
13	夜晚	中景	移动跟随	平拍	人物行走在缀满星辰般的小夜灯的长廊中，回眸间嫣然一笑
14	夜晚	—	摇镜头	平拍	使用特写捕捉人物专注观看演出的背影，将镜头拉远至展现出整个演出的场面，最终聚焦于演出中的人物
15	夜晚	特写	环绕运镜	正面平拍	人物站在城墙上，镜头从人物后方逆时针环绕至人物前方，展现古城夜景
16	夜晚	—	固定镜头、推镜头	仰拍、俯拍	人物站在城墙边，用手指向身后，引领观众欣赏古城夜景。随后，镜头推近，由拍摄人物特写逐渐过渡到展示其身后的夜景

7.2　拍摄旅拍Vlog

为了帮助读者捕捉旅行中的绝美风景与动人瞬间，创作出既生动又引人入胜的旅拍Vlog短视频，接下来，我们将介绍关键拍摄技巧，并讲解如何拍摄一组正定古城短视频。

7.2.1　拍摄风光短视频的技巧

拍摄风光短视频时需要掌握以下关键技巧。

1. 规划拍摄路线

在外出旅行并计划拍摄时，首要任务是深入了解目的地。这包括掌握当地的气候条件、风土人情以及独特美景，确保不错过任何激发拍摄灵感或有助于创作的元素。每个城市的标志，如著名建筑、自然奇观或文化遗址，是展现城市风貌的精髓，务必列入拍摄清单。

为了全面准备，建议利用地图、旅行指南等资源，详细研究每个地点的特点、位置及最佳拍摄时间。同时，注意考虑季节变化、天气状况以及交通情况，避开人流高峰期，合理规划拍摄路线。

2. 选择最佳拍摄时机

风光短视频的美感在很大程度上取决于天气。那么，最佳拍摄时机有哪些呢？

（1）日出和日落时段。拍摄风光短视频，日出和日落时段无疑是首选。这两个时段的光线柔和而温暖，能为画面增添无尽的魅力。特别是当朝霞满天或余晖洒落大地时，光线十分迷人，能够营造出令人陶醉的视觉效果，如图7-1所示。此外，蓝调时刻，即太阳升起前或落山后天空呈现深蓝色的时刻，也是拍摄剪影和天际线的绝佳时机。

（2）出现特殊天气的时候。除了日出和日落时段，一些特殊的天气条件也能为风光短视频增添别样的韵味。例如，大雪纷飞的场景有助于营造童话般的氛围；雾气缭绕的时刻则让景色如诗如画，充满神秘感，如图7-2所示。而风云变幻的瞬间更是充满了未知和惊喜，为拍摄者提供了无限的创作灵感。

图7-1　　　　　　　　　　　　　　　　图7-2

3．变换拍摄角度

为了拍出令人惊艳的风光短视频，尝试变换不同的拍摄角度至关重要。多样化的拍摄角度不仅能够带来新颖的感觉，还能让风光短视频更具趣味性和吸引力。常见的拍摄角度有平视、俯视和仰视角度。如果条件允许，建议使用无人机捕捉从高空俯瞰的风光画面。采用这种独特的拍摄角度能够展现出壮丽辽阔的自然景色，为风光短视频增添一抹别样的风采。通过无人机拍摄，可以轻松捕捉到那些使用传统拍摄角度难以捕捉的画面，让风光短视频更加引人注目。

4．运用构图技巧

在构图时，注意使用前景、中景和背景来营造层次感。同时，利用自然元素，如山脉、河流、树木等作为引导线，引导观众的视线。

5．使用慢门和延时摄影

慢门摄影是一种摄影技巧，它涉及利用相机的慢速快门来创造感和光影效果。当相机的快门打开时间较长时，这段时间内发生的运动和变化都会被相机记录下来，形成一种模糊或流动的效果。使用慢门可以捕捉星空、瀑布、车流等。图7-3所示为使用慢门拍摄的雪中骑行场景。

图7-3

延时摄影是一种将时间压缩的拍摄技术。在延时摄影视频中，物体或景物缓慢变化的过程被压缩，呈现出平时用肉眼几乎无法察觉的奇异景象。延时摄影可以用于捕捉日出日落、云彩流动、植物生长等自然现象出现的完整过程，使观众在短时间内感受到时间的流逝和变化。图7-4所示为使用延时摄影拍摄的画面。

图7-4

7.2.2　拍摄街头短视频的技巧

行走在街头，会有很多的有趣场景等待我们去发现，这就是街头摄影的魅力所在。好的机遇固然重要，而拍摄技巧也是不可或缺的。

1. 学会观察、预判和等待

拍摄者在"扫街"的时候，要进行思考：这是不是一个有趣的场景？接下来会发生什么？我要不要再多待一会儿，等那个人再往前走几步？……多观察、多预判，推测"决定性的瞬间"大概会出现在哪一个时刻。练习多了，这种观察、预判能力就能为你的拍摄提供助力。在街头捕捉有趣的影子画面，需要有敏锐的洞察力，如图7-5所示。

2. 提升抓拍的能力

街拍更侧重于对内容的表达，特别是遇到一些转瞬即逝的拍摄场景时，能拍到才是最重要的，拍摄时的相机参数设置则是次要的。例如，抓拍正在爬阶梯的猫咪能使画面更具动感和活力，如图7-6所示。

图7-5

图7-6

3. 拍出画面的故事感

拍摄者需要拥有一双发现美的眼睛，在平凡的生活中记录下不平凡的时刻。好的街拍作品一般都具有一定的故事性，画面元素具有关联性、巧合性、难以复现等特点。有故事的画面容易让观众产生共鸣，令他们印象深刻。图7-7中，在黄昏时分，金色的光线透过茂密的树叶，营造出一种温暖而宁静的氛围，我们可以想象这是一个孩子兴奋地牵着一只活泼的小狗，前来迎接下班回家的父亲。

图7-7

7.2.3　拍摄"正定古城"短视频片段

古城作为历史长河中的璀璨明珠，承载着丰富的民俗文化，具有独特的建筑风貌。旅游业的蓬勃发展，不仅让这些珍贵的历史文化资源得以保护与传承，更让它们成为旅游景点。下面，我们将一同踏上记录女大学生在正定古城欢快游玩的影像之旅，用镜头捕捉她在古城留下的每一个美好瞬间。

7-1　拍摄"正定古城"短视频片段

在拍摄这组短视频前，我们需要细心考虑并适应多变的天气条件。当阳光明媚时，古城在金色的光辉下更具韵味，无论是建筑的轮廓还是街巷的细节，都能被完美捕捉。同时，晴朗的天气也为拍摄营造了理想的氛围，使观众仿佛身临其境。值得注意的是，古城在白天与夜晚展现出截然不同的风貌。白天，阳光下的古城充满了生机与活力，夜晚，璀璨灯光下的古城则显得神秘而迷人。因此，我们将通过镜头全方位展现古城白天与夜晚的不同风情，让观众感受到古城的独特魅力。

准备拍摄器材（如微单/单反相机、三脚架），依据"正定古城"短视频拍摄脚本，保质保量地完成拍摄即可。

镜头 1

在正定古城入口处，使用全景从正面平拍，以捕捉牌坊及车流，展现出古与今的交融、宁静与繁忙的对比，如图7-8所示。

图7-8

镜头 2

运用远景，捕捉人物悠然迈向城门入口处，以微仰的角度拍摄，凸显出城楼的宏伟壮丽，而人物则在这宏伟的背景下显得渺小而坚毅。这种巧妙的大小对比，不仅增强了画面的视觉冲击力，也巧妙地衬托出城门的雄伟与历史的厚重，如图7-9所示。

图7-9

镜头 3

站在城门内侧，巧妙运用固定镜头，并以微仰的角度捕捉人物在城门内前行的画面，突出城门的高大。在这一过程中，城门的雄伟与高大得到了充分的展现，为整个画面增添了震撼力和庄重感，人物与古城的互动也提升了场景的动态感和深度，如图7-10所示。

图7-10

镜头4

站在人物前方，调整拍摄角度，使镜头贴近地面，以低角度捕捉人物行走的动态，如图7-11所示。

图7-11

镜头5

使用远景，拍摄人物在巍峨的红色古墙下，迈着欢快的步伐从右至左大步前行，脸上洋溢着喜悦与活力，如图7-12所示。

图7-12

镜头6

以凉亭为框架结构收缩视线，捕捉人物渐渐走入凉亭的动作，如图7-13所示。

图7-13

镜头7、镜头8

镜头7，在侧逆光的柔和照射下，人物轻轻地用手抚过正定古城的城墙，她缓缓向前迈进，镜头聚焦于城墙的古老纹理和细节，将历史的厚重感与人物的灵动姿态完美融合，如图7-14所示。

镜头8，使用特写，以仰拍的角度精准捕捉挂有风铃的古城建筑一角，风铃仿佛在诉说着古老的故事（后期可加风铃音效），为这座建筑增添了几分神秘与灵动，如图7-15所示。

图7-14　　　　　　　　　　　　　　　　图7-15

镜头9、镜头10

镜头9，使用升降镜头，镜头缓缓自下而上移动，展示殿门的整体外观，如图7-16所示。

图7-16

镜头10，拍摄天王殿外景，人物用手指向天王殿的牌匾。拍摄时采用近景，使用升降镜头，镜头缓缓自下而上移动，展示建筑的细节，如图7-17所示。

图7-17

镜头11、镜头12

镜头11，镜头以微仰的角度拍摄，人物伫立在红墙旁远眺，张开手掌遮挡晃眼的阳光，如图7-18所示。

镜头12，镜头以微仰的角度拍摄，人物在殿外看鸽子飞起，如图7-19所示。

图 7-18　　　　　　　　　　　图 7-19

镜头13

人物行走在缀满星辰般的小夜灯的长廊中，回眸间嫣然一笑。拍摄时使用中景，采用移动跟随的拍摄手法缓缓跟随人物，这样不仅捕捉到了人物回眸间嫣然一笑的动人瞬间，还将一路上如梦如幻的风景一一展现出来，如图7-20所示。

图7-20

镜头 14

拍摄古城夜晚的演出时，首先使用特写捕捉人物专注观看演出的背影，随后缓缓向右摇动镜头，展现出演出场面，并最终聚焦于舞台上演出的人物。这种从左到右的摇镜头拍摄方法，将人物的情感与演出的氛围完美结合，营造出更加引人入胜的视觉效果，如图7-21所示。

图7-21

镜头 15、镜头 16

镜头15，人物静立于城墙上，镜头首先捕捉人物的上半身轮廓。随后，镜头从人物后方逆时针环绕至人物前方，展现古城夜景，古城的繁华与宁静呈现在画面中，使画面更立体，如图7-22所示。

图7-22

镜头16，首先采用固定镜头捕捉人物用手指向身后的画面，仿佛是在引领观众欣赏那迷人的夜色，如图7-23所示。随后镜头缓缓推近，由拍摄人物特写逐渐过渡到展现其身后的夜景，将古城美景呈现出来，营造出一种梦幻般的视觉效果，如图7-24所示。

图7-23   图7-24

📖 课堂讨论

对于古城短视频拍摄，你有哪些拍摄题材建议？请与大家分享。

7.3　用Premiere制作"正定古城"短视频

用Premiere制作"正定古城"短视频大致包括以下环节：首先新建项目并导入视频素材和音频素材；仔细审查素材，去除不必要的部分，确保每个镜头都紧扣主题，根据配音内容，调整素材的时长和顺序，使画面内容与配音相匹配，为了优化观看体验，可以为视频片段应用变速效果；添加视频过渡效果，以使不同场景平滑过渡；添加音频过渡效果，使音频结尾过渡自然；最后导出短视频。具体操作步骤如下。

7-2　用Premiere
制作"正定古
城"短视频

7.3.1　新建项目、序列并导入素材

（1）新建项目。启动Premiere，进入"主页"界面，单击"新建项目"按钮，如图7-25所示，打开"新建项目"对话框，在"名称"文本框中输入文件名"正定古城"，在"位置"选项中选择保存文件的路径，单击"确定"按钮，完成项目的新建，如图7-26所示，进入软件工作界面。

图7-25

（2）新建序列。选择菜单栏中的"文件">"新建">"序列"命令，打开"新建序列"对话框，在该对话框中打开"设置"选项卡，将"编辑模式"设置为"自定义"，将"时基"设置为"25.00帧/秒"，将"帧大小"设置为水平"1920"、垂直"1080"，将"像素长宽比"设置为"方形像素（1.0）"，其他参数的设置保持默认，如图7-27所示，单击"确定"按钮，即可新建序列，并在"时间轴"面板中打开该序列。

图7-26

图7-27

（3）导入素材。选择菜单栏中的"文件"＞"导入"命令，在"导入"对话框中选择要导入的视频素材和音频素材（案例素材＞正定古城），如图7-28所示，单击"打开"按钮，将视频素材和音频素材导入"项目"面板中，如图7-29所示。

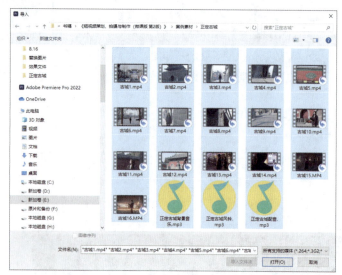

图7-28

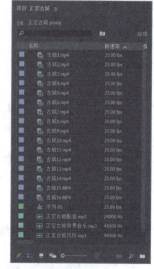

图7-29

> **提示与技巧**
>
> 在导入素材时，可以一次性选中多个文件，同时将它们打开。按住"Ctrl"键并单击文件，可以选中不连续的多个文件；按住"Shift"键单击文件，可以选中连续的多个文件；如果多个素材在一个文件夹中，可以选中这个文件夹，在"导入"面板中单击"导入文件夹"按钮，将其直接导入"项目"面板中。

> **提示与技巧**
>
> 在Premiere中，按"Ctrl+Alt+N"组合键可以新建项目，按"Ctrl+N"组合键可以新建序列，按"Ctrl+I"组合键可以导入文件。

7.3.2　序列匹配素材

（1）使用选择工具▶，将"项目"面板中的素材按照序号从左到右拖曳到时间轴轨道上。将素材拖曳到视频轨道上时，排在最开始位置的素材的左边要与时间轴轨道的左边对齐，如图7-30所示。在拖动素材的过程中，可以通过"时间轴"面板底部的滑块来更改轨道的缩放比例，也可以按键盘上的"＋""－"键分别放大、缩小轨道的缩放比例，以方便进行素材的排列。

> **提示与技巧**
>
> 在时间轴轨道中单击可以直接选中要剪辑的素材；按住"Shift"键的同时单击要选择的素材，可以同时选中多个要剪辑的素材；使用选择工具▶，在时间轴轨道上按住鼠标左键拖出选框，选框中的所有素材同时被选中。

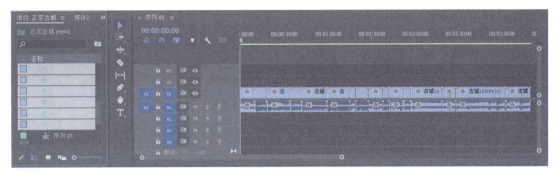

图7-30

（2）选中"古城15"和"古城16"，单击鼠标右键，在弹出的快捷菜单中选择"缩放为帧大小"命令，调整视频大小以适应画面，如图7-31所示。

图7-31

7.3.3　剪辑并调整素材

1. 取消音频、视频链接

在"时间轴"面板上选中视频素材"古城1"～"古城16"，如图7-32所示，选择菜单栏中的"剪辑"＞"取消链接"命令，取消音频、视频链接，如图7-33所示。

图7-32　　　　　　　　　　　　　　　　图7-33

选择下方的音频，如图7-34所示。按"Delete"键删除音频，如图7-35所示。

图7-34

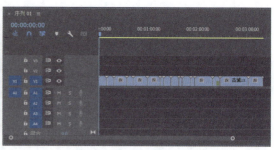

图7-35

2. 裁剪素材

仔细审查素材，去除不必要的部分，确保每个镜头都紧扣主题。根据配音内容，调整素材的时长，使画面内容与配音相匹配。

（1）将"正定古城配音"拖曳到A1轨道，如图7-36所示。

（2）使用剃刀工具◆裁剪素材。

① 裁剪素材。选中"古城1"，按空格键开始播放，并在"节目"面板中预览视频，当视频播放到要裁剪的位置时，按空格键停止播放，单击"工具"面板中的剃刀工具◆，在时间线处单击鼠标进行裁剪，如图7-37所示。

图7-36

图7-37

② 删除视频片段。单击"工具"面板中的选择工具▶，选中不需要的视频片段，按"Delete"键删除。

③ 删除间隙。删除视频片段之后，两段视频之间会有间隙，选中间隙，再按一次"Delete"键即可删除。或者直接在间隙上单击鼠标右键，在弹出的快捷菜单中选择"波纹删除"命令即可，如图7-38所示。

图7-38

（3）裁剪素材的头部和尾部。单击"工具"面板中的波纹编辑工具＋＋，将鼠标指针放置在"古城2"的开始位置，当鼠标指针呈 状时单击，向右拖曳鼠标指针到要裁剪的位置，裁剪掉不需要的部分，如

图7-39所示；将鼠标指针放置在"古城2"的结束位置，当鼠标指针呈╣状时单击，向左拖曳鼠标指针到要裁剪的位置，如图7-40所示。

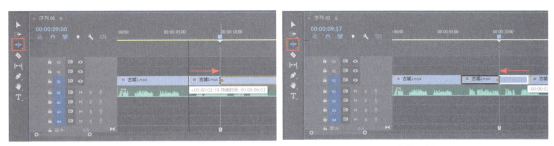

图7-39　　　　　　　　　　　　　图7-40

（4）剪裁其他素材，在裁剪的过程中，确保配音与画面内容相匹配，并进行位置调整，以保证音画同步，如图7-41所示。

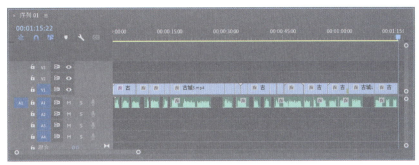

图7-41

（5）将"正定古城风铃"拖曳到A2轨道，将其移动至"古城8"下方，进行剪辑以确保音频与画面同步，如图7-42所示。

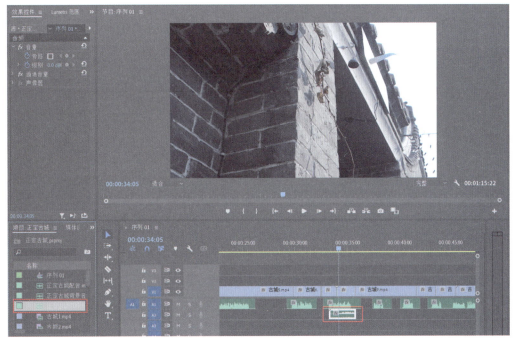

图7-42

课堂讨论

在对素材进行剪裁时需要注意哪些问题？请与大家分享。

3. 视频变速

在"时间轴"面板中选中"古城15"，选择菜单栏中的"剪辑"＞"速度/持续时间"命令，弹出"剪辑速度/持续时间"对话框，设置"速度"为"200%"，单击"确定"按钮，如图7-43所示。

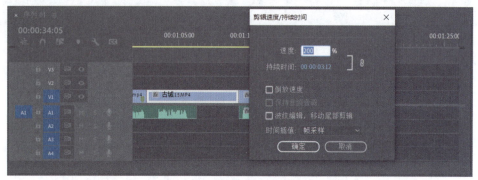

图7-43

提示与技巧

在Premiere的"剪辑速度/持续时间"对话框中，可以手动调整视频的播放速度。默认的"速度"为"100%"，这代表视频以正常速度播放。如果希望视频减速播放，则可以输入一个小于100%的数值，如50%，这样视频将以0.5倍的速度播放。相反，如果希望视频加速播放，则可以输入一个大于100%的数值，如200%，这将使视频以2倍的速度播放。

7.3.4 添加并编辑视频过渡效果

（1）将"古城5"裁剪成3段，并裁剪两段相邻视频的衔接部分，如图7-44所示。

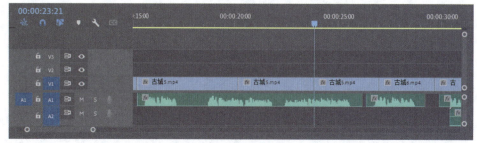

图7-44

（2）添加叠化效果，营造时间流逝感。人物从红墙前面走过的这3段素材共需要添加两个转场效果。在"效果"面板中展开"视频过渡"选项，选中"溶解"特效组中的"交叉溶解"效果，并将其拖曳到"时间轴"面板中的V1轨道中"古城5"的3段素材之间，如图7-45所示，效果如图7-46所示。

图7-45

图7-46

7.3.5　添加并编辑音频过渡效果

（1）将"项目"面板中的"正定古城背景音乐"拖曳到A3轨道。

（2）裁剪背景音乐。选择剃刀工具，在与视频轨道末端齐平的位置单击，此时音频被分为两段，选中多余的音频部分，按"Delete"键将其删除，如图7-47所示。

图7-47

（3）为音频设置过渡效果。打开"效果"面板，展开"音频过渡"选项，选中"交叉淡化"特效组中的"恒定功率"效果，并将它拖到音频轨道末端，如图7-48所示。这样处理会让音频过渡自然，不会给人突兀的感觉。

125

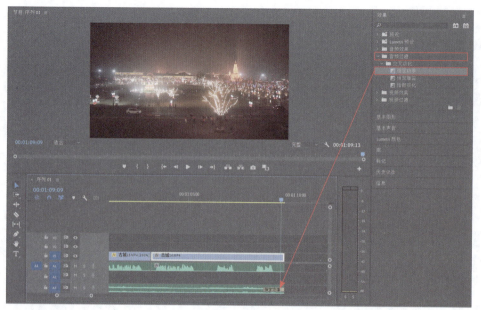

图7-48

7.3.6 导出短视频

在Premiere中制作完短视频后，为了方便在网络上分享短视频，可以将短视频导出为H.264格式。选择菜单栏中的"文件"＞"导出"＞"媒体"命令或按"Ctrl+M"组合键，弹出"导出设置"对话框。在"格式"下拉列表中选择"H.264"选项（MP4格式），如图7-49所示；单击"输出名称"右侧的文件名，弹出"另存为"对话框，选择短视频的保存位置，输入文件名"正定古城-效果"，单击"保存"按钮，如图7-50所示；返回"导出设置"对话框，单击"导出"按钮，完成短视频的导出。

图7-49

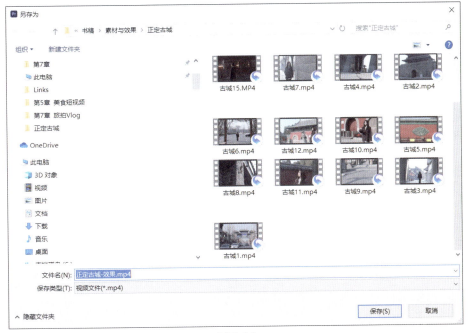

图7-50

思考与练习

一、单选题

1. 在Premiere中，按（　　）组合键可以新建项目。
   A. "Ctrl+Alt+N"　　　　　　B. "Ctrl+N"
   C. "Ctrl+I"　　　　　　　　D. "Ctrl+M"

2. Premiere中的哪种工具可以用于将视频分为两段？（　　）
   A. 选择工具　　　　　　　　B. 剃刀工具
   C. 波纹编辑工具　　　　　　D. 滚动编辑工具

3. 在Premiere中，为了使两段视频之间的过渡更加自然，通常需要添加（　　）。
   A. 音频效果　　　　　　　　B. 音频过渡效果
   C. 视频效果　　　　　　　　D. 视频过渡效果

二、填空题

1. 拍摄风光短视频，（　　）和（　　）这两个时段的光线柔和而温暖，能为画面增添无尽的魅力。

2. 在Premiere中选择（　　）命令，可以取消音频、视频链接。

3. 在Premiere中选择（　　）命令，可以调整视频的播放速度。

三、判断题

1. 在Premiere中，按"Ctrl+N"组合键可以新建序列。（　　）

2. 无人机是拍摄风景或大场景的绝佳工具。（　　　）

3. 在Premiere中，导出文件所用的组合键是"Ctrl+M"。（　　　）

四、简答题

1. 简述什么是慢门及其应用场景。

2. 简述什么是延时摄影及其应用场景。

3. 简述Premiere中剃刀工具与波纹编辑工具的作用。

五、实操题

1. 拍摄并制作一个带解说的旅拍Vlog。

2. 使用Premiere软件制作一个旅拍Vlog，巧妙应用视频过渡效果，并添加合适的音乐。

第 **8** 章

节日短视频

本章导读

　　本章将详细介绍节日短视频内容的策划流程，深入剖析每个关键环节。同时，本章将详细讲解节日短视频拍摄的关键技巧，并讲解如何使用Premiere将拍摄的素材精心剪辑成一个引人入胜的短视频。通过本章的学习，读者不仅能够掌握节日短视频制作的全流程和核心拍摄技巧，还能够提升创作能力。

学习目标

1. 掌握节日短视频内容的策划方法
2. 掌握节日短视频的拍摄方法
3. 掌握节日短视频的后期制作方法
4. 掌握在Premiere中添加字幕的方法
5. 掌握在Premiere中调整音频局部音量的方法

8.1 策划节日短视频的内容

节日短视频通常会突出节日的文化特色，通过特定的元素、符号和场景来展现节日的氛围和传统习俗。例如，中秋节时，月饼、圆月、灯笼等元素会频繁出现，以体现中秋节的团圆场景和美好寓意。节日短视频往往能够引发观众的情感共鸣，通过讲述与节日相关的故事、展示节日中人们的互动和情感交流，让观众感受到节日的氛围。这种情感共鸣能够增强观众对节日的认同感。

8.1.1 确定主题和风格

确定节日短视频的主题和风格是一个重要的创作过程，它涉及对节日文化、观众喜好以及短视频风格的深入理解等。

1. 确定主题

（1）了解节日背景。了解节日的历史、传统、标志性元素，如象征物、食物、活动、习俗等。

（2）分析目标受众。确定短视频将面向的群体，考虑他们的兴趣、年龄、文化背景和观看习惯，选择一个能够吸引他们的主题。

2. 确定风格

（1）了解节日特色。深入了解节日的传统习俗以及文化特色，从节日文化中提取最具代表性和吸引力的元素，如颜色、图案等。

（2）考虑叙事方式。如果短视频采用故事叙述的方式，应考虑如何构建故事情节和角色设定，以便更好地传达节日文化和情感；如果短视频采用纪实的方式，应注重展现真实场景和人物，强调节日氛围。

（3）考虑传播渠道。如果短视频主要在社交媒体上传播，可以考虑使用更加轻松、幽默或时尚的风格来吸引年轻观众；如果短视频作为电视广告播出，需要考虑采用更加正式、专业的风格，以契合观众的观看习惯。

（4）确定情感基调。在打造短视频内容时，要清晰定义想要传达的情感基调，如温馨、欢乐、怀旧、励志、感人等。一旦明确情感基调，就应围绕这一核心，构建该情感的故事线。在这个过程中，灵活运用直接展现的真挚情感、隐喻的含蓄表达以及象征的深刻内涵等多样化的情感传达手法，可以使短视频内容更加丰富，直击观众内心，引发共鸣。

（5）选择视觉风格。根据节日特色和情感基调，选择合适的色彩，如春节对应红色、端午节对应绿色、中秋节对应金色等；考虑如何运用适当的构图方法来突出节日元素和主题，如使用框架构图、对称构图、留白等。

8.1.2 故事情节编排

好的短视频必须有清晰的核心情节，它能够承载整个短视频的主题和思想，并且能够激发观众的兴趣。核心情节应该具备逻辑性和连贯性，避免过于复杂或冗长，以保持观众的兴趣。

确定要制作的节日短视频是关于哪个节日的，如春节、端午节、中秋节等，分析该节日的特色、传统习俗、象征意义等，确保故事情节能够充分体现这些元素。

例如，在拍摄春节主题的短视频时，主题及故事情节建议如下。

① 团圆与亲情。春节是中国最重要的传统节日，强调家庭团聚和亲情。可以拍摄家庭成员一起准备年夜饭、贴春联、包饺子、看春晚等的温馨场景，展现家庭团圆的幸福和温馨。

② 传统习俗。春节有许多传统习俗，如放鞭炮、舞龙舞狮、拜年、发红包等。可以选择其中一个或多个习俗进行深入拍摄，展示其独特的魅力和文化内涵。

③ 年味与氛围。春节非常热闹，可以拍摄街道上的灯笼、彩灯、春联、年画等，展现春节的喜庆氛围和独特的视觉美感。

④ 返乡与乡愁。春节是许多人返乡团圆的时候，也是无法返乡的人乡愁最浓的时候。可以拍摄在外工作的人们回家的过程，以及他们与家人团聚的感人瞬间，展现乡愁和亲情的力量。

⑤ 春节美食。春节美食是节日文化中不可或缺的一部分。可以拍摄制作和品尝各种春节特色美食的过程，如年糕、花馍、饺子等，展现春节美食的多样性和独特魅力。

⑥ 春节故事。春节有着丰富的故事和传说，如年兽的传说、压岁钱的来历等。可以通过讲述这些故事，向观众传递春节的文化内涵和历史价值。

为节日短视频编排故事情节时，需要确保内容紧凑、情感丰富，并充分展现节日的特色和氛围。以下是常用的编排步骤。

1. 开场引入

快速展现节日的标志性元素（如灯笼、粽子、月饼等），配合欢快的背景音乐，迅速将观众带入节日氛围。简单介绍节日背景和主题，为接下来的故事做铺垫。

2. 设计故事

设计一个与节日主题相关的故事，如家庭团聚、朋友欢聚、恋人约会等。利用镜头语言展现情节，包括全景、中景、特写等，以丰富画面效果。结合节日传统习俗，如贴春联、吃团圆饭、赏月等，让故事情节更加贴近节日氛围。

3. 引发情感共鸣

在故事中融入能够触动观众情感的元素，如亲情、友情、爱情等。通过角色的互动和对话，展现他们之间的情感纠葛和成长变化。

4. 设计高潮与结尾

设计一个与节日寓意相关的高潮，如新年钟声敲响、月圆之夜许下愿望等。以温馨、感人的画面收尾，让观众在感受节日氛围的同时，感受到节日的美好寓意。

8.1.3 选择场景和道具

在节日短视频拍摄过程中，场景和道具的恰当选择对于营造节日氛围和增强短视频的吸引力至关重要。

1. 场景选择

（1）节日氛围营造。根据节日主题选择合适的场地：节日标志性场景，如春节的庙会、中秋节的赏月地等；家庭场景，家中是节日氛围最浓厚的地方，可以拍摄家人聚餐、装饰房间、制作传统食品等场景。

（2）光线利用。利用自然光或人造光，确保拍摄场景光线充足且柔和，避免画面过曝或欠曝。可以使用反光板、补光灯等设备来改善光线条件。利用色彩和光线来营造节日氛围，如使用暖色调的灯光、增加色彩鲜艳的装饰品等。

（3）细节布置。注意场景中的细节布置，如桌面的布置、墙面的装饰、角落的点缀等。对细节的精心处理能够提升短视频的质感和观赏性，让观众沉浸在节日氛围中。

（4）注意安全。在布置场景时，要注意安全问题，避免使用易燃易爆物品或其他危险道具。确保场地中的设备不会造成安全隐患。

2．道具选择

（1）传统道具。春节的春联、福字、窗花、年画、灯笼、红包、鞭炮、烟花等，中秋节的月饼、兔子花灯等。

（2）节日特色食品。春节的饺子、年糕、花馍，中秋节的月饼等，这些道具可以突出节日特色，增强节日氛围。

（3）氛围灯。氛围灯是一种利用LED技术制造的装饰灯具，它通过不同的颜色、形状和灯光效果，为人们营造出所需的氛围。氛围灯可以根据不同情景下的需求，提供不同的灯光模式。我们应根据对节日氛围的需求选择合适的氛围灯。例如，要营造浪漫的氛围，可选择光线温暖的氛围灯；要营造热闹的氛围，则可选择光线颜色鲜艳、亮度较高的氛围灯。

> 📖 **课堂讨论**
>
> 如何策划出有趣、新颖且符合节日主题的七夕节短视频内容？

8.1.4 撰写拍摄脚本

撰写节日短视频拍摄脚本时，我们需要确保内容既有趣又富有节日特色，同时还要契合短视频的时长和观众的观看习惯。

下面介绍"回家过年"短视频拍摄脚本，具体如表8-1所示。

表8-1 "回家过年"短视频拍摄脚本

镜号	景别	拍摄手法	拍摄角度	内容	字幕
1	中景	摇镜头	仰拍	街头高挂红色灯笼	回家过年
2	中景、全景	拉镜头	正面平拍	一家四口回家过年，推开大门，两位老人迎接他们	推开这扇大门，就是家的味道，是温暖的怀抱 父母的笑容，是世界上最美的风景，永远令人牵挂
3	全景	固定镜头	俯拍	爷爷写春联，孩子们围观	写春联，是春节的传统习俗，寄托着人们对新年的美好祝愿
4	特写	固定镜头	仰拍	孩子们认真地看爷爷写春联	
5	全景、近景	移动跟随	仰拍	家人一起走出门，准备贴春联	—
6	中景	固定镜头	仰拍	家人一起贴春联	红红的春联，贴出了家的喜庆与温馨

续表

镜号	景别	拍摄手法	拍摄角度	内容	字幕
7	特写	固定镜头	俯拍	展示包饺子的细节	饺子，是春节餐桌上的必备美食 家人围在一起，包的不只是饺 子，更是满满的幸福与团圆
8	中景	固定镜头	仰拍	大人围在一起包饺子	
9	近景	固定镜头	俯拍	展示包好的饺子	
10	特写	固定镜头	仰拍	拍摄空中绽放的绚丽烟花	—
11	近景、全景	拉镜头	正面平拍	家人一起吃年夜饭	一家人举杯庆祝，享受这难得的 团聚时光
12	全景	固定镜头	正面平拍	孩子们提着花灯蹦跳	孩子们兴奋地蹦跳、奔跑，手中 紧握着花灯，满脸喜悦
13	全景	固定镜头	正面平拍	孩子们提着花灯奔跑	

8.2 拍摄节日短视频片段

拍摄节日短视频需要注重细节和技巧的运用。接下来，我们将介绍节日短视频的拍摄技巧，并讲解如何拍摄一组有关回家过年的短视频片段。

8.2.1 拍摄节日短视频的技巧

拍摄节日短视频时，需要掌握以下关键技巧。

1. 捕捉节日元素

（1）传统习俗。舞龙、舞狮、放烟花、贴春联、贴窗花、赛龙舟等，这些都是有关节日的元素，能够直接展现节日氛围。图8-1所示为舞狮表演镜头，图8-2所示为新年贴窗花镜头。

图8-1

图8-2

（2）节日装饰。拍摄节日装饰，如彩灯、红灯笼等，这些装饰能够营造出浓厚的节日氛围，如图8-3所示。

（3）节日美食。拍摄节日美食，如春节的饺子、端午节的粽子、七夕节的巧果、中秋节的月饼等。图8-4所示为中秋节的美食月饼。

图8-3

图8-4

2. 捕捉人们的情感反应

（1）情感表达。拍摄家人和朋友之间的互动和交流，展示节日的温暖氛围。图8-5所示为春节拜年的镜头。

（2）笑容。拍摄人们在节日中的笑容，能够传达出节日的欢乐和喜庆。图8-6所示为母女互抹蛋糕的镜头。

图8-5

图8-6

3. 使用慢动作和特写镜头

（1）慢动作。通过慢动作展示节日中的精彩瞬间，如烟花绽放、孩子欢笑、制作美食等，让观众更加深入地感受节日氛围。例如，使用慢门拍摄给汤圆撒上少许糯米粉防粘的过程，如图8-7所示。

（2）特写镜头。用特写镜头捕捉节日元素的细节，如灯笼的纹理、食物的质感等，可以增强画面的视觉吸引力。使用特写镜头拍摄汤圆的效果如图8-8所示。

图8-7

图8-8

4．运镜技巧

（1）穿越前景式拍摄。寻找一个前景，如人群、门窗等，加强环境与被摄主体的对比，提升短视频的层次感和空间感。

（2）慢摇式拍摄。保持相机的位置不动，缓缓摇动镜头，展示节日的欢乐氛围。

（3）俯视旋转式拍摄。旋转运镜能使画面变得生动，采用俯视的角度可以展示更多场景。

（4）特写推进式拍摄。在拍摄人物时，利用特写推进式拍摄可以聚焦于人物的面部表情，展现人物的情感和内心世界；在拍摄节日美食时，利用特写推进式拍摄可以展示食物的色、香、味。

8.2.2　拍摄"回家过年"短视频片段

制作"回家过年"短视频，旨在展现家人团聚时的温馨和幸福。在拍摄这个精心策划的短视频时，我们将通过4个温馨的场景缓缓讲述故事：清晨，阳光洒落，我们将镜头对准归心似箭的游子，捕捉他们满载期待踏入家门的一刻；上午，家中洋溢着节日的喜悦，我们用镜头记录下家人们书写、张贴春联的和谐画面；午后，我们用镜头捕捉家人亲手包饺子的温馨瞬间，以及家人间的亲密互动；夜幕降临，当烟花在夜空中绽放时，我们拍摄家人共享丰盛的年夜饭的场景。整个短视频将着重展现家人间的情感交流和美好瞬间，让观众在欣赏动人画面的同时，也能感受到家的温暖。

8-1　拍摄"回家过年"短视频片段

准备拍摄器材（微单/单反相机、镜头、三脚架、反光板等）。

镜头 1

在街头，一排排红色的灯笼高高挂起，宛如喜庆的火焰跳跃在城市的脉络上，预示着春节的临近。拍摄者缓缓地从左至右摇动镜头，同时巧妙地旋转拍摄，捕捉浓厚的节日氛围，如图8-9所示。

图8-9

镜头 2

门缓缓打开，一对年轻的夫妻带着孩子，手提着满载心意的礼品步入家门，准备与父母共度新春佳节。拍摄者使用拉镜头拍摄，随着门逐渐打开，景别由中景切换至全景，展现出门内早已在等候的两位老人，他们热情地迎接大家，整个画面充满了团聚的温馨，如图8-10所示。

图8-10

镜头 3、镜头 4

镜头 3，拍摄者使用白色反光板对人物面部进行补光，站在凳子上以俯视的视角捕捉孩子们围观爷爷书写春联的场景，如图8-11所示。

镜头 4，拍摄者降低了拍摄角度，使用白色反光板对人物面部进行补光，以仰拍的方式展现了孩子们专注而认真的表情，如图8-12所示。

图8-11   图8-12

镜头 5

一家人兴高采烈地出门，准备共同贴春联，同时沿途欣赏庭院的迷人风景。拍摄者巧妙地运用移动跟随的拍摄手法，以微仰的角度缓缓向上推移镜头，捕捉他们欢快的步伐，如图8-13所示。

 →  →

图8-13

镜头 6

年轻夫妻忙着贴春联，传承着传统习俗。两位老人则慈祥地呼唤着孙子和孙女，教他们辨认春联上的内容。拍摄者采用固定镜头，从微仰的角度捕捉这些温馨的画面，如图8-14所示。

图8-14

镜头 7 ～镜头 9

镜头 7，拍摄者将镜头抬高，俯拍人物包饺子的细腻动作，展现其手艺的精湛与专注，如图8-15所示。

镜头 8，拍摄者将镜头放低，从微仰的角度捕捉大人们围在一起包饺子的温馨场景，如图8-16所示。

镜头 9，拍摄者运用近景，以俯拍的方式聚焦于包好的饺子，饺子象征着团圆与美满，为画面增添了节日的喜庆氛围，如图8-17所示。

图8-15 图8-16 图8-17

镜头 10

拍摄者仰望天际，用镜头捕捉烟花在夜空中绚烂绽放的壮丽画面，每一束火花都如同对新年的美好祝愿，璀璨夺目，令人心驰神往，如图8-18所示。

图8-18

镜头 11

在新年这个特别的时刻，全家人围坐在一起，共享丰盛的年夜饭，举杯同庆新年的到来。拍摄者巧妙运用拉镜头，将景别从近景切换至全景，捕捉一家人有说有笑、举杯共饮的温馨画面，展现了喜庆的节日氛围，如图8-19所示。

图8-19

镜头 12、镜头 13

拍摄者选择固定镜头，记录下孩子们饭后充满活力的时刻。他们兴奋地提着花灯蹦跳、奔跑，欢声笑语洋溢在整个庭院中，仿佛连空气中都弥漫着节日的欢乐和家庭的温馨，如图8-20和图8-21所示。

图8-20 图8-21

8.3 用Premiere制作"回家过年"短视频

用Premiere制作"回家过年"短视频大致包括以下环节：首先新建项目并导入素材，对素材进行剪辑，仔细审查素材，去除不必要的部分。接着为了营造新年的喜庆氛围，挑选与主题相契合的欢快背景音乐，并依据音乐节奏调整视频素材的时长或应用变速，确保视听内容的同步与和谐；同时，为了增强观看体验，可以为视频片段添加转场特效以平滑过渡不同场景；添加音频过渡效果，使音频结尾过渡自然；另外，在剪辑过程中，巧妙融入了节日氛围的字幕，并精心设计了字幕动画，使字幕不仅传递信息，更增添了一份艺术美感。最后，导出短视频。具体操作步骤如下。

8-2 用Premiere制作"回家过年"短视频

8.3.1 新建项目、序列并导入素材

（1）新建项目。启动Premiere，进入"主页"界面，单击"新建项目"按钮，打开"新建项目"对话框，在"名称"文本框中输入文件名"回家过年"，在"位置"选项中选择保存文件的路径，单击"确定"按钮，完成项目的新建，进入软件的工作界面。

（2）新建序列。选择菜单栏中的"文件">"新建">"序列"命令，打开"新建序列"对话框，在该对话框中打开"设置"选项卡，将"编辑模式"设置为"自定义"，将"时基"设置为"25.00帧/秒"，将"帧大小"设置为水平"1920"、垂直"1080"，将"像素长宽比"设置为"方形像素（1.0）"，其他参数的设置保持默认，单击"确定"按钮，即可新建序列，并在"时间轴"面板中打开该序列。

（3）导入素材。将视频素材"01"～"13"和音频素材"01"（案例素材\回家过年）导入"项目"面板中。

8.3.2 序列匹配素材

使用选择工具▶，将"项目"面板中的视频素材"01"～"13"，按照序号从左到右依次拖曳到V1轨道上。将音频素材"01"拖曳到A2轨道上，如图8-22所示。

图8-22

8.3.3 剪辑并调整素材

本例中的视频素材已经进行过基本的剪辑处理，我们只需要依据音乐节奏调整视频素材的时长或

应用变速，确保视听内容同步与和谐。

（1）裁剪视频。选中视频素材"07"，将其中包好一个饺子后面的画面删掉。

（2）视频加速。按空格键开始播放视频，并在"节目"面板中预览视频，当视频播放到要加速的素材时，选中该素材，然后选择菜单栏中的"剪辑">"速度/持续时间"命令，在弹出的"剪辑速度/持续时间"对话框中设置"速度"。本例设置视频素材"02""11""12"的"速度"为"200%"，视频素材"03""08"的"速度"为"300%"，视频素材"04""07"的"速度"为"135%"，视频素材"05"的"速度"为"250%"，视频素材"13"的"速度"为"150%"，"01""06""09""10"的"速度"保持不变，视频加速后如图8-23所示。

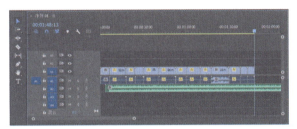

图8-23

（3）裁剪音频。选择剃刀工具 ，在与视频轨道末端齐平的位置单击，此时音频被分为两段，选中多余的音频部分，按"Delete"键将其删除，如图8-24所示。

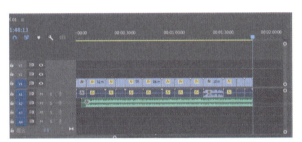

图8-24

💡 提示与技巧

在"剪辑速度/持续时间"对话框中，可以通过调整音频的"速度"参数来改变音频的持续时间。需要注意，改变音频的播放速度会影响音频的播放效果，音调会因速度的变化而改变；同时，音频的播放速度变化后，其播放时间也会随着改变。

8.3.4 添加视频过渡效果

（1）在视频素材"01"的开始和"13"的结尾处添加"黑场过渡"效果，为观众带来一种画面渐渐暗淡的感觉；同样，在视频素材"09"与"10"之间也采用这种过渡效果，营造出一种自然的间隔感。在"效果"面板中展开"视频过渡"选项，选中"溶解"特效组中的"黑场过渡"效果，将其拖曳到"时间轴"面板中的视频素材之间，即可添加"黑场过渡"效果。

（2）在视频素材"01"与"02"、"02"与"03"、"04"与"05"、"06"与"07"，以及"10"与"11"之间添加"交叉溶解"效果，使得不同场景之间的切换更为柔和，呈现无缝衔接的视觉效果。在"效果"面板中展开"视频过渡"选项，选中"溶解"特效组中的"交叉溶解"效果，将其拖曳到"时间轴"面板中的视频素材之间，即可添加"交叉溶解"效果，如图8-25所示。

图8-25

8.3.5 添加音频过渡效果

打开"效果"面板，展开"音频过渡"选项，选中"交叉淡化"特效组中的"恒定功率"效果，并将它拖到音频轨道末端，如图8-26所示。这样处理会让音频过渡自然，不会给人突兀的感觉。

图8-26

8.3.6 添加片名

（1）将图片素材"回家过年"（案例素材\回家过年）导入"项目"面板中，拖曳到V2轨道中，放置在视频素材"01"上方。

（2）调整展示时长，在片名展示之初加入"黑场过渡"效果，为片名的呈现增添神秘感；而在片名展示结束时，添加"交叉溶解"效果，使画面逐渐消融，为观众带来独特观感，这样的处理让片名的展示更具艺术韵味和视觉吸引力，如图8-27所示。

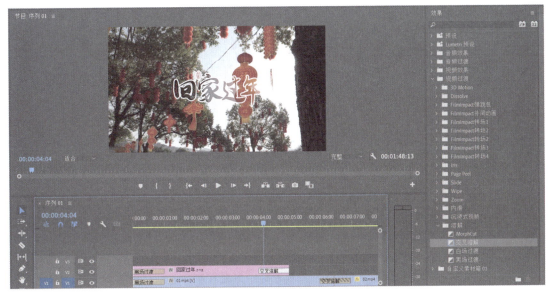

图8-27

8.3.7 添加字幕

（1）将图片素材"平安回家"（案例素材\回家过年）导入"项目"面板中，拖曳到V2轨道中，放置在视频素材"02"上方，在"效果控件"面板中展开"运动"选项，设置位置和缩放，使其在画面中位于门打开的位置。

（2）调整文字的展示时长，并在文字展示之初和展示结束时加入"交叉溶解"效果，为文字的出现和消失增添一种别致的视觉效果，如图8-28所示。

图8-28

（3）将图片素材"春节"（案例素材\回家过年）导入"项目"面板中，拖曳到V3轨道中，在"效果控件"面板中展开"运动"选项，设置位置和缩放，调整展示时长，并在图片的开始和结束部分添加"交叉溶解"效果，如图8-29所示。

图8-29

（4）使用文字工具 T ，在画面中单击，输入字幕："推开这扇大门，就是家的味道，是温暖的怀抱"，使用选择工具 ▶ 选中"时间轴"面板上的文字，调整文字的展示时长，在Premiere窗口上方选择"图形"选项，切换到"图形"工作区，单击"基本图形"面板中的"编辑"选项卡，可以对文字的字体、字号、颜色、阴影等进行编辑，文字的参数设置和效果如图8-30所示。

图8-30

（5）复制文字。选中素材"春节"和字幕"推开这扇大门，就是家的味道，是温暖的怀抱"，按住"Alt"键向右拖动，复制该字幕，调整文字的位置和持续时间，如图8-31所示。将文字替换为"父母的笑容，是世界上最美的风景，永远令人牵挂"，如图8-32所示。

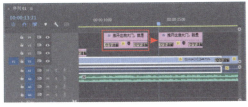

图8-31	图8-32

（6）使用文字工具 T 替换文案，为短视频添加其他字幕，在操作过程中，拖动播放指示器仔细查看画面，确保在文案与画面对应的位置添加字幕。

8.3.8 调整音频局部音量

（1）放大音频轨道。在"时间轴"面板中选中一段音频，并将音频轨道放大，会看到音频中间有一条横线，这代表音频的基准音量线，如图8-33所示。

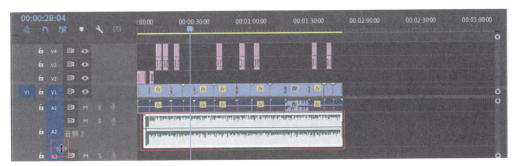

图8-33

（2）在音频轨道中添加关键点控制音量。使用钢笔工具 ✐ 在需要调整音量的横线处单击添加关键点，上下拖动关键点可调整音量，向上拖动关键点可以提高音量，向下拖动关键点可以降低音量。本例将展示烟花部分的背景音乐音量调低，以突出烟花的音效，在此处使用钢笔工具 ✐ 添加4个关键点，将中间的两个关键点向下拖动以降低音量，如图8-34所示。

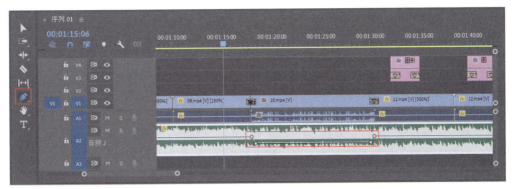

图8-34

8.3.9 导出短视频

用Premiere制作完短视频后，为了方便在网络上分享短视频，可以将短视频导出为H.264格式。选择菜单栏中的"文件">"导出">"媒体"命令或按"Ctrl+M"组合键，弹出"导出设置"对话框。在"格式"下拉列表中选择"H.264"选项（MP4格式），单击"输出名称"右侧的文件名，弹出"另存为"对话框，选择短视频的保存位置，输入文件名"回家过年-效果"，单击"保存"按钮，返回"导出设置"对话框，单击"导出"按钮，完成短视频的导出，如图8-35所示。

图8-35

> 💡 **提示与技巧**
>
> 在Premiere Pro的"时间轴"面板中选择音频，使用选择工具▶将音频轨道放大，以便更清晰地看到音频波形和中间的一条横线（代表音频的基准音量线）。将鼠标指针放置在这条横线上，上下拖动即可调整音频的音量（向上拖动增加音量，向下拖动降低音量）。

思考与练习

一、单选题

1. 在Premiere中选中、编辑字幕是在（　　）工作区进行的。
   A. "颜色"　　　　　　　　　B. "编辑"
   C. "效果"　　　　　　　　　D. "图形"

2. 在Premiere中选中字幕，按住（　　）键向右拖动，可复制该字幕。
   A. "Enter"　　　　　　　　 B. "Ctrl"
   C. "Shift"　　　　　　　　　D. "Alt"

3. 在Premiere中，设置素材的大小是在（　　　）面板中进行的。

A．"效果控件"　　　　　　　　　　B．"效果"

C．"时间轴"　　　　　　　　　　　D．"项目"

二、填空题

1. 在Premiere中为视频添加字幕时需要使用（　　　）工具。

2. 在Premiere中，添加视频过渡效果中的（　　　）效果，能为观众带来一种画面渐渐暗淡的感觉。

3. 在Premiere的"时间轴"面板中选择音频素材，将音频轨道放大，可以看到音频波形中间有一条（　　　），这代表音频的基准音量线。

三、判断题

1. 拍摄节日短视频时，应使用高饱和度的色彩突出节日氛围。（　　　）

2. 在节日短视频中，可以使用动画和特效来增强视觉效果。（　　　）

3. 节日短视频必须包含节日特色食物。（　　　）

四、简答题

1. 简述拍摄节日短视频常用的运镜技巧。

2. 简述在Premiere中添加"黑场过渡"效果的方法。

3. 简述如何在Premiere中调整音频局部音量。

五、实操题

1. 以教师节为题材进行构思，撰写一个拍摄脚本。

2. 拍摄并制作一个有故事情节的节日短视频。

第 **9** 章

产品宣传短视频

本章导读

　　本章将详细介绍产品宣传短视频的内容策划流程，深入剖析每个关键环节。同时，本章将详细讲解产品宣传短视频制作关键技巧，以及如何使用Premiere将拍摄的素材剪辑成一个引人入胜的短视频。通过本章学习，读者不仅能够掌握产品宣传短视频制作的全流程和核心技巧，还能提升创作能力，为产品营销奠定基础。

学习目标

1. 掌握产品宣传短视频内容的策划方法
2. 掌握产品宣传短视频的拍摄方法
3. 掌握产品宣传短视频的后期制作方法
4. 掌握在Premiere中为短视频调色的方法
5. 掌握在Premiere中绘制形状的方法

9.1　策划产品宣传短视频的内容

在电商蓬勃发展的今天，产品宣传短视频已成为商家吸引消费者的利器之一。相较于图片，短视频能够以更详细、更具体的方式展示产品，让消费者全方位了解产品信息，从而极大提升产品的可信度。如今，各大电商平台纷纷在网店中加入产品宣传短视频，以满足消费者对产品进行全面了解的需求，进一步促进销售和优化消费者体验。产品宣传短视频的核心目的是推广和销售产品，因此，这类短视频往往直接展示产品的外观、功能、使用方法等，让消费者在短时间内对产品有全面的了解。同时，其通过强调产品的特点和优势，激发消费者的购买欲望。

9.1.1　全面了解产品

在拍摄产品宣传短视频时，首先要明确拍摄的产品是什么，在对其有充分的了解后，才能确定拍摄主题、拍摄风格和内容，并制定详细的拍摄方案。

1. 了解产品的外观与外包装

拍摄者在拍摄前要先对拍摄的产品的材质、做工、造型、颜色及外包装进行认真观察与分析，以便拍摄时选择合适的背景和拍摄角度，进行更好的构图和布光，通过镜头完美地展现产品。

2. 了解产品的特性与使用方法等

除了解产品的外形特征，拍摄者还需要仔细阅读产品说明书来熟悉产品的功能、使用方法、配置与特性、清洗及保管方法等，这样才能在拍摄的过程中展现出产品的亮点和卖点信息，以在制作产品宣传视频时，配合文字对产品的功能、特性与使用方法等进行详细说明。因为各种产品的功能、特点不同，所以拍摄者要根据产品的实际情况进行规划。

9.1.2　厘清拍摄思路

拍摄产品宣传短视频时，清晰的拍摄思路是确保短视频内容吸引人、信息传达准确的关键。以下技巧将帮助我们厘清拍摄思路。

1. 明确产品特点

在拍摄产品宣传短视频前，深入理解并明确产品的特点、独特优势以及核心卖点至关重要。这是因为产品宣传短视频将成为展示产品魅力的关键窗口，通过巧妙的镜头运用、创新的剪辑和引人入胜的叙事方式，我们能够精准地诠释产品的每一处细节与特色，从而激发消费者的浓厚兴趣，并促进他们加深对产品的认知与产生购买意愿。

2. 明确受众和目标

明确短视频想要吸引的观众群体，分析目标受众的需求。只有深入了解目标受众的需求、喜好以及消费习惯，才能制作出有针对性的产品宣传短视频。确定短视频的主要目标，如提高品牌知名度、促进销售、展示产品特点等，确保短视频内容紧密围绕目标展开。

3．明确拍摄风格

产品宣传短视频的拍摄风格有很多种。以珠宝为例，拍摄风格可以是奢华、简约等。在拍摄产品前，拍摄者可以参考一些同类产品的图片，再结合所拍摄产品的特点来确定整体拍摄风格。一般情况下，拍摄者需要根据产品自身的特点，分析和判断要表现的效果，然后与策划人员、运营人员等沟通，按照要求找样图，与商家确认，再通过布置场景、后期处理等方式将产品展现出来。

4．创意构思

在深入了解产品特点和明确目标受众等的基础上，我们可以根据需要精心构思出富有创意的短视频情节或故事线。同时，需仔细斟酌哪些视觉元素能够有效增强短视频的吸引力，使观众产生浓厚的兴趣与共鸣。这样的策略有助于更好地传递产品价值，并与目标受众建立深层的情感连接。

5．考察拍摄场地

在拍摄之前，进行实地考察是至关重要的一环。我们需要仔细评估拍摄场地的各种因素，确保它们不会对拍摄造成不利影响。这包括检查现场光线的充足度和质量，观察装修布置和风格是否与我们的需求相契合，以及寻找并避免任何可能引发穿帮的物体。通过这样的实地考察，我们能够更好地优化拍摄环境，确保最终的作品呈现出最佳效果。

6．制订拍摄计划

在拍摄产品宣传短视频之前，制订一个详尽的拍摄计划至关重要。该计划应明确标注拍摄的具体时间、选定地点、所需的专业拍摄器材、适宜的灯光设备、必要的道具以及模特的安排。同时，应合理分配工作人员的任务，确保每个环节都有专人负责。在拍摄过程中，应严格遵守此计划，以确保拍摄任务高效、有序完成。

9.1.3　布置场景和道具

为拍摄产品宣传短视频布置场景和道具时，关键是要确保能够突出产品的特点、吸引观众的注意力，并营造出与产品调性相符的氛围。

1．选择合适的场地

产品的大小和类型不同，对拍摄场景的要求也不一样。拍摄者只有搭建好适合产品拍摄的场景，才能得到令人满意的效果。

根据产品特性和拍摄主题，选择一个与之匹配的场地。根据产品特点和目标受众等，确定场景的整体风格，如拍摄现代简约、复古或有科技感的产品，场地可以是影棚、办公室、家庭环境、户外空间等。场地应该干净、整洁，且能够突出产品的特点。环境搭配应与产品主题和风格相协调，避免选择过于复杂或拥挤的场地，避免背景过于杂乱或喧宾夺主，以免分散观众的注意力。

另外，进行产品宣传短视频的拍摄一定要融入生活，从生活中找到创作优势。例如，拍摄母婴用品、儿童玩具等产品，可以选择家庭场景；拍摄车载用品，可以选择私家车作为拍摄场景；拍摄厨房用品，可以选择厨房场景，也可以选择户外露营的场景。

2. 选择合适的背景

主体后面的一切景物都被称为背景，背景起衬托主体的作用。好的背景应是简洁的，并能够与主体相呼应，有效衬托主体。

（1）选择纯色背景。白色和黑色的背景由于与其他颜色都具有相容性，容易搭配，因此应用最广。白色的背景给人明快、干净的感觉，可使拍摄出的画面整洁清晰，产品主体突出，一目了然，并且白色的背景有利于在后期使用图像处理软件进行处理；黑色的背景具有很好的吸光作用，可避免产品表面在拍摄时产生光斑；选用其他颜色的背景时，拍摄者可以选择与产品匹配的背景色，这样画面在色彩上会比较和谐。

（2）选择与产品有关联的背景。选择与产品有内在关联的背景，这样有利于表现出产品独特的内涵。例如，拍摄美食时可以将餐桌作为背景，使美食与环境完美地融为一体。

3. 巧妙使用道具

拍摄单一的产品时，若画面显得单调，拍摄者可以根据需要加入一些道具，使画面充实、丰富，道具也可以用来调节画面的构图与色彩。

道具通常用于衬托主体，起到突出主体的作用。选择的道具一定要适合拍摄的主体、场景。例如，拍摄者在拍摄餐具时，在盘中摆放面点，在碗内放入酱料，可以使观众真实地感受到餐具的使用效果，然后添加红色的水果和绿色的蔬菜，可使画面富有生气。拍摄者利用道具可以拍摄出十分有意境的图片。例如，为了表现浪漫的氛围，在香水的旁边放置花朵，这样香水会格外引人注目。

道具不是越多越好，拍摄者在使用道具时，应做到使道具简洁有效，切忌喧宾夺主。

💡 **提示与技巧**

在规划产品宣传短视频的场景布置时，光线与色彩的应用至关重要。适宜的光线不仅是凸显产品细节和质感的关键，还是确保观众能够清晰感知产品特性的基础。采用恰到好处的光线来精准照亮产品，确保产品的每一处细节都得以完美展现。同时，应避免光线过强导致的刺眼或光线过暗造成的模糊问题，以确保观众能够拥有愉悦的观看体验。在色彩的选择上，应当充分考虑场景与产品在色彩上的协调性。通过精心挑选与产品色彩相匹配的场景色彩，能够极大增强产品的视觉效果，让产品在画面中脱颖而出。

9.1.4 撰写拍摄脚本

拍摄产品宣传短视频时，撰写拍摄脚本是至关重要的一步。这可以通过讲述一个引人入胜的故事、展示消费者的使用场景或强调产品能够解决的问题来实现。

下面介绍"手拉蒜泥器"短视频拍摄脚本，具体如表9-1所示。

表9-1 "手拉蒜泥器"短视频拍摄脚本

镜号	景别	拍摄手法	拍摄角度	内容	文案
1	近景	固定镜头	俯拍	准备新鲜蒜瓣，将其稍微切碎	厨房料理小能手 绞大蒜 绞瘦肉 做辅食
2	近景	固定镜头	俯拍	展示手拉蒜泥器的细节	电解420不锈钢刀片 不留金属味 耐腐蚀 不生锈 轻巧便携 抽拉把手 精密卡扣设计 紧扣不滑落

续表

镜号	景别	拍摄手法	拍摄角度	内容	文案
3	近景	固定镜头	俯拍	将蒜瓣放入手拉蒜泥器	把食材放入罐中 将盖子拧紧
4	近景	固定镜头	俯拍	抽拉手拉蒜泥器的把手	拉动把手快速绞碎食材
5	近景	固定镜头	俯拍	展示绞好的蒜泥	轻松绞碎食材

9.2 拍摄产品宣传短视频片段

掌握产品宣传短视频的拍摄技巧并制作出高质量的产品宣传短视频，不仅能迅速吸引消费者，延长消费者停留的时间，还能在最短的时间内全方位展示产品的特性和使用方法，消除消费者对产品的疑虑，提升消费者的信任度，增强消费者的购买欲，进而提高点击率和转化率，大大提高产品的销量。接下来，我们将介绍产品短视频的拍摄技巧，并讲解如何拍摄一组"手拉蒜泥器"短视频片段。

9.2.1 拍摄产品宣传短视频的技巧

拍摄产品宣传短视频需要掌握以下关键技巧。

1. 产品的摆放

在进行产品宣传短视频拍摄时，拍摄者需要对产品进行摆放设计，以达到更好的拍摄效果。相同的产品，摆放方式不同，所带来的视觉效果也不同。想让产品更加具有吸引力，在众多同类产品中脱颖而出，拍摄者就要发挥自身的想象力，运用一定的艺术手法和技巧，借助一些道具，有创意地摆放和展示产品，使画面具有独特的设计感和美感。下面介绍几种常用的产品摆放方式。

（1）斜着摆放。将有一定厚度的产品正对镜头摆放时，拍摄出来的画面会显得过于呆板，无法全面展示产品的特点；而将产品斜着摆放可以将产品的侧面信息展示出来，使产品显得更立体。另外，对于较长的产品，也可以将其斜着摆放，以减少画面的压迫感。

（2）立起来摆放。一些扁平的产品可以立起来摆放，这样既能直观展示产品，又显得产品高档。

（3）卷起来摆放。柔软的产品可以卷起来摆放以增加美感，如丝带、皮带等。

在拍摄多种颜色的同款产品时，拍摄者应考虑产品的疏密与次序，并根据产品的外部形态进行造型设计，使产品组合呈现出独有的设计感和美感。常见的排列方式如队列式排列、散点式排列、围绕式排列等。

2. 布光技巧

拍摄产品宣传短视频时，布光是非常关键的一环，因为它直接影响到产品的视觉呈现效果。

（1）了解基础光位。①主光：通常用于照亮产品的主要部分，确定光线的方向和强度。②辅光：用于补充主光，消除主光产生的阴影，使画面更加柔和。③背光：放在产品的背后，用于勾勒产品的轮廓，增强产品的立体感。

（2）常见的布光方法。①正面两侧布光：正面两侧布光是产品拍摄中常用的布光方法，正面两侧光为主光源，能让产品表面受光均匀，没有暗角阴影，如图9-1所示。②两侧45°布光：两侧45°布光能让产品顶部受光，比较适用于拍摄外形扁平的产品，不适用于拍摄立体感强、偏高、偏细的产品，如图9-2所示。③前后交叉布光：前侧光为主光源，后侧光可以增强产品的层次感，让产品更立体，如图9-3所示。

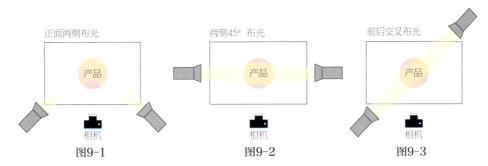

正面两侧布光　　　两侧45°布光　　　前后交叉布光

图9-1　　　　　　图9-2　　　　　　图9-3

（3）布光技巧。①光源面积与光质：光源面积大则光质柔和，适合低反差拍摄；光源面积小则光质硬朗，适合高反差拍摄。②灯距调整：灯距远近影响光照效果，远则受光弱且光源面积相对增大，反差降低；近则受光强且光源面积相对减小，反差增大。③光比控制：光比影响画面的影调、质感和细节，浅色产品适合高调，深色产品适合低调，以真实表现产品表面亮度、质感和色彩为原则。④精简灯具：避免过多灯具造成复杂布光和杂乱投影，必要时使用反光板补光。

（4）根据产品特性调整光线。对于反光强烈的产品，可以使用光线柔和的光源，避免高光和反射；对于透明或半透明的产品，可以使用侧光或背光来突出其通透感；对于表面粗糙或纹理丰富的产品，可以使用软光或侧光来展现其细节和质感。

3.　镜头运用

在拍摄产品宣传短视频时，镜头的运用对于传达产品的特点和吸引观众至关重要。以下是拍摄产品的常用镜头。

（1）推镜头。推镜头可以通过焦距变化或移动相机来实现，将观众的视线聚焦于产品。这种镜头可以突出产品的关键卖点或细节，使观众更加关注产品的特点。推镜头可以分为慢推和快推，慢推可以逐渐将观众带入产品的环境，而快推则可以营造出紧张感和压迫感。

（2）拉镜头。拉镜头同样可以通过焦距变化或移动相机来实现，但效果与推镜头相反。拉镜头可以让产品的表现力减弱，而氛围感增强。这种镜头适合用于展示产品与其他物品的搭配或整体感，让观众看到产品在不同场景下的应用。

（3）摇镜头。摇镜头是相机位置不变，只改变拍摄角度的技巧。例如，将相机固定在三脚架上，对其进行左右或上下的摇动。这种镜头适合用于展示产品在不同角度下的细节，让观众全方位地了解产品。

（4）移镜头。在产品宣传短视频的拍摄中，我们可以运用移镜头来模拟观众的眼睛，跟随产品移动或展示产品的不同使用场景。

（5）升降镜头。升镜头是指镜头上升拍摄，降镜头是指镜头下降拍摄。在展示产品时，使用这种镜头可以增添画面的动态感，从而吸引观众的注意力。图9-4所示为运用摇镜头技巧拍摄的画面，镜头缓缓自下而上移动，展现茶壶每一处精致的细节与整体优雅的外观。

图9-4

4．产品拍摄要求

拍摄产品宣传短视频时，拍摄者除了要掌握以上技巧外，还需从电商的角度出发，深入理解产品特质，从而创作出能够吸引消费者并促进销售的产品宣传短视频。以下是拍摄网店产品宣传短视频的几点要求。

（1）突出产品特点。要明确产品的核心卖点，通过短视频展示其独特之处。无论是功能、设计还是材质，都应通过画面和解说清晰地传达给消费者。

（2）展示产品细节。利用特写镜头或旋转展示等手法，全面展示产品细节，如纹理、做工等，这样可以帮助消费者更好地了解产品质量。

（3）内容要真实、可靠。拍摄者在拍摄产品宣传短视频时，应使短视频内容真实、可靠，尽量缩小现实和想象的差距，把产品真实地展现在消费者面前，这样才会得到消费者的信赖。

（4）信息简明扼要、清晰。产品宣传短视频一般不宜过长，以免消费者失去耐心。产品宣传短视频的时长宜为30秒～1分钟，可以根据产品特点适当调整。产品宣传短视频要在有限的时间内传递明确的信息，把产品卖点和细节介绍清楚。

9.2.2 拍摄"手拉蒜泥器"短视频片段

很多人在家制作美食时可能会加点蒜泥，手拉蒜泥器是一种实用的厨房小工具，它能助你轻松绞蒜泥。下面介绍如何拍摄一组介绍手拉蒜泥器的短视频片段。

拍摄产品宣传短视频时，场景的选择和布置很重要。手拉蒜泥器一般是与美食制作相关的，其使用场景通常是厨房，因此在拍摄时，厨房就是最佳选择。因为是在室内拍摄，所以还需要进行相应的布光。在靠近窗户的桌面上拍摄，当射入室内的光线强烈时，应为窗户加上白色的窗帘以降低光线的强度，同时使用反光板为暗面进行适当的补光；可以在早晨或傍晚时靠近窗户拍摄，这两个时间段的光线效果一般会比较理想。

9-1 拍摄"手拉蒜泥器"短视频片段

准备拍摄器材（如微单/单反相机、镜头、三脚架等）。

准备道具。拍摄手拉蒜泥器时，直接使用大蒜来展示能更好地突出产品功能。同时，添加一些新鲜的辣椒（红色、绿色）、橙子等还能起到装饰、丰富画面的作用。另外，还要准备刀具和菜板。在拍摄前，要确保产品及道具本身洁净。

依据"手拉蒜泥器"短视频拍摄脚本，保质保量地完成拍摄即可。

镜头1

鉴于产品体积小，本次拍摄全程采用固定镜头的俯拍方式，以细致捕捉每一个细节。我们将镜头对准菜板，记录人物将蒜瓣稍微切碎的场景，如图9-5所示。

图9-5

镜头 2

拍摄手拉蒜泥器，先对它进行细节展示。采用大光圈，巧妙地将背景虚化，使手拉蒜泥器的不锈钢刀片、抽拉把手和卡扣设计等细节得以凸显，确保观众的注意力完全集中在它的细节之处，如图9-6所示。

图9-6

镜头 3

拍摄人物将切好的蒜瓣放入手拉蒜泥器中，随后将手拉蒜泥器的盖子拧紧的画面，如图9-7所示。

图9-7

镜头 4

拍摄人物抽拉手拉蒜泥器的把手，将蒜瓣绞碎的画面，如图9-8所示。

镜头 5

拍摄人物打开手拉蒜泥器的画面，展示绞好的蒜泥，如图9-9所示。

图9-8　　　　　　　　　　　　　图9-9

9.3　用Premiere制作"手拉蒜泥器"短视频

用Premiere制作"手拉蒜泥器"短视频大致包括以下环节：首先，新建项目、序列并导入素材，对素材进行变速处理，添加调整图层快速调色，添加视频过渡效果以平滑过渡不同场景，根据内容需要添加合适的字幕和图形元素。其次，添加与展示"手拉蒜泥器"的氛围相契合的背景音乐，并通过添加音频过渡效果使背景音乐与视频完美融合。最后，导出短视频。具体操作步骤如下。

9-2　用Premiere
制作"手拉蒜
泥器"短视频

9.3.1　新建项目、序列并导入素材

（1）新建项目。启动Premiere，进入"主页"界面，单击"新建项目"按钮，打开"新建项目"对话框，在"名称"文本框中输入文件名"手拉蒜泥器"，在"位置"选项中选择保存文件的路径，单击"确定"按钮，完成项目的新建，如图9-10所示，进入软件工作界面。

（2）新建序列。选择菜单栏中的"文件">"新建">"序列"命令，打开"新建序列"对话框，在该对话框中打开"设置"选项卡，将"编辑模式"设置为"自定义"，将"时基"设置为"25.00帧/秒"，将"帧大小"设置为水平"1920"、垂直"1080"，将"像素长宽比"设置为"方形像素（1.0）"，其他参数的设置保持默认，如图9-11所示，单击"确定"按钮，即可新建序列，并在"时间轴"面板中打开该序列。

图9-10

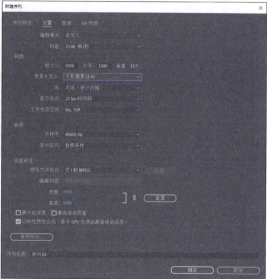

图9-11

（3）导入素材。选择菜单栏中的"文件">"导入"命令，在"导入"对话框中选择要导入的视频素材和音频素材（案例素材>手拉蒜泥器），单击"打开"按钮，如图9-12所示，将视频素材和音频素材导入"项目"面板中，如图9-13所示。

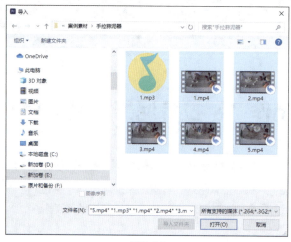

图9-12

图9-13

9.3.2 序列匹配视频素材

使用选择工具 ▶,将"项目"面板中的视频素材按序号依次拖曳到视频轨道,排在最开始位置的视频素材的左边要与时间轴轨道的左边对齐,如图9-14所示。

图9-14

9.3.3 视频变速

(1)播放素材,仔细审查,对第1段和第2段素材进行剪辑,去除不必要的部分,如图9-15所示。

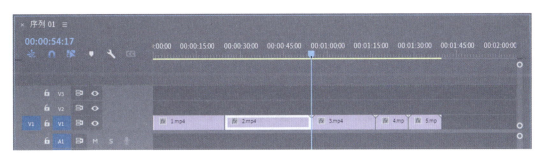

图9-15

(2)在"时间轴"面板中选中视频,单击鼠标右键,在弹出的快捷菜单中选择"速度/持续时间"命令,在弹出的"剪辑速度/持续时间"对话框中对视频进行调速。设置第1段视频的"速度"为"400%",第2段视频的"速度"为"150%",第3段和第4段视频的"速度"为"200%",第5段视频的"速度"保持不变,如图9-16所示。

图9-16

（3）在间隙上单击鼠标右键，在弹出的菜单中选择"波纹删除"命令，删除间隙，如图9-17所示。

图9-17

9.3.4 添加调整图层快速调色

（1）单击"项目"面板中的"新建项"按钮 ，在打开的快捷菜单中选择"调整图层"命令，如图9-18所示。弹出"调整图层"对话框，相关参数设置如图9-19所示，单击"确定"按钮。

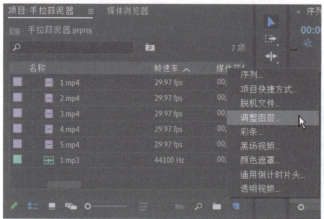

图9-18   图9-19

（2）在"项目"面板中，将调整图层拖至V2轨道。将鼠标指针移动到V2轨道末端，然后按住鼠标左键拖动，将其调至与视频的长度一致，如图9-20所示，此时便可以在调整图层上对视频进行调色，而不会影响原视频。

图9-20

（3）选中调整图层，在Premiere窗口上方选择"颜色"选项，切换到"颜色"工作区，在"Lumetri颜色"面板中进行颜色的设置，参数设置如图9-21所示，调色前后的对比效果如图9-22所示。

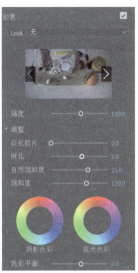

调色前

调色后

图9-21　　　　　　　　　　　图9-22

9.3.5　添加并编辑视频过渡效果

打开"效果"面板，可以看到"视频过渡"下拉列表包含多种过渡效果，这里选择"溶解"特效组下的"交叉溶解"效果，并将它拖曳到第1段视频和第2段视频之间，如图9-23所示。这样处理会让镜头过渡自然，按相同方法在其他视频之间添加过渡效果。

图9-23

9.3.6　添加并编辑字幕和形状

1. 输入并编辑字幕

选择文字工具T，在画面中单击，输入文字（拖动播放指示器查看画面，在文案和画面对应

的位置添加字幕）。输入字幕"厨房料理小能手"，如图9-24所示。选中时间轴轨道上的文字，在
Premiere窗口上方选择"图形"选项，切换到"图形"工作区，单击"基本图形"面板中的"编辑"
选项卡，可以对文字的字体、字号、颜色、描边、阴影等进行编辑，文字的参数设置和效果如图9-25
所示。

图9-24

图9-25

2．绘制形状

选择矩形工具▢，在画面中绘制矩形，然后在"编辑"选项卡中的"外观"选项下将"填充"设
置为深灰色（色值为"R127 G127 B127"），单击"水平对齐"按钮￭，将不透明度设置为"50%"，
如图9-26所示。将"形状01"图层拖曳到"厨房料理小能手"图层下方，完成字幕的添加，如
图9-27所示。

图9-26

图9-27

💡 **提示与技巧**

可以根据需要结合"Shift"键，快速绘制出需要的形状。例如，使用矩形工具绘制形状的同时按住"Shift"键，可以绘制正方形；使用椭圆工具绘制形状的同时按住"Shift"键，可以绘制圆形。

3. 复制并替换字幕

（1）复制字幕。选中V3轨道中的字幕，按住"Alt"键并向右拖动，复制该字幕，如图9-28所示。

图9-28

（2）替换字幕。将文字替换为"绞大蒜 绞瘦肉 做辅食"，调整字幕的位置和持续时间，如图9-29所示。按相同的方法，将其他字幕添加到视频中。

图9-29

9.3.7　添加并编辑背景音乐

（1）添加背景音乐。将"项目"面板中的音乐素材"1.mp3"拖曳到A1轨道。

（2）裁剪背景音乐。选择剃刀工具，在与视频轨道末端齐平的位置单击，此时音频被分为两段，如图9-30所示。使用选择工具选中多余的音频部分，按"Delete"键将其删除，如图9-31所示。

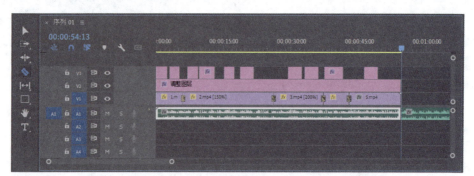

图9-30

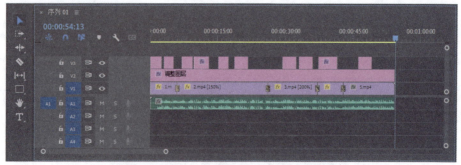

图9-31

9.3.8　对音频进行淡化处理

打开"效果"面板，在"音频过渡"下拉列表中选择"交叉淡化">"恒定功率"命令，并将它拖到音频轨道末端，如图9-32所示。这样处理会让音频过渡自然，不会给人突兀的感觉。

图9-32

9.3.9　导出短视频

用Premiere制作完短视频后，为了方便在网络上分享短视频，可以将短视频输出为H.264格式。选择菜单栏中的"文件">"导出">"媒体"命令或按"Ctrl+M"组合键，弹出"导出设置"对话框。在"格式"下拉列表中选择"H.264"选项（MP4格式），单击"输出名称"右侧的文件名，弹出"另存为"对话框，选择短视频的保存位置，输入文件名"手拉蒜泥器-效果"，单击"保存"按钮，返回"导出设置"对话框，单击"导出"按钮，完成短视频的输出，如图9-33所示。

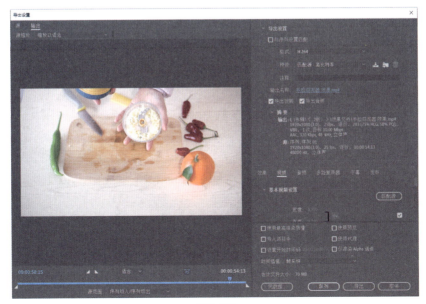

图9-33

提示与技巧

　　Premiere 因其强大的功能、高度的专业性，以及与Adobe系统的无缝整合而广受赞誉，特别适用于专业视频制作和复杂编辑任务，尤其是在产品宣传视频领域应用广泛。相比之下，剪映则以其简单易用的界面、丰富的素材库，以及智能化的编辑功能脱颖而出，非常适合初学者和需要快速完成日常视频编辑任务的用户。对于要求不高或追求高效制作的产品宣传短视频，剪映也是一个极为实用的选择。在剪映的首页点击"展开"按钮■，即可发现一系列强大的功能按钮，特别推荐剪映中常用于产品视频制作的几个功能。

　　• "智能抠图"按钮■，能够自动、精准地分离图像中的前景与背景，为创意短视频制作提供无限可能。

　　• "AI商品图"按钮■，利用人工智能技术，快速优化商品图片，帮助用户轻松将产品图片置于多样化的环境中，显著提升产品的展示效果。

　　• "营销成片"按钮■，专为营销需求量身打造，用户只需上传视频或图片素材，即可依据热门脚本思路，一键生成高质量的带货短视频，极大提升了产品宣传短视频制作的效率。

思考与练习

一、单选题

1. （　　）通常用于照亮产品的主要部分，确定光线的方向和强度。
   A. 主光　　　　　　　　B. 辅光
   C. 背光　　　　　　　　D. 轮廓光
2. 在Premiere中，为视频调色是在（　　）工作区进行的。
   A. "颜色"　　　　　　　B. "编辑"
   C. "效果"　　　　　　　D. "图形"
3. 选中字幕，按住（　　）键并向右拖动，可复制该字幕。
   A. "Enter"　　　　　　B. "Ctrl"
   C. "Shift"　　　　　　D. "Alt"

二、填空题

1. 产品宣传短视频拍摄中常见的3种布光方法分别为（　　）、（　　）和（　　）。
2. 在Premiere中用矩形工具绘制形状的同时按住（　　）键，可以绘制正方形。
3. 在Premiere中绘制矩形时需要使用（　　）工具。

三、判断题

1. 在拍摄产品宣传短视频前，深入理解并明确产品的特点、独特优势以及核心卖点至关重要。（　　）
2. 在拍摄产品宣传短视频时，应使短视频内容真实、可靠，尽量缩小现实和想象的差距，把产品真实地展现在消费者面前。（　　）
3. 在Premiere中，对音频进行淡化处理可以使用视频过渡效果。（　　）

四、简答题

1. 简述产品宣传短视频拍摄中的主光、辅光和背光。

2. 简述在Premiere中新建调整图层的办法。

3. 简述拍摄网店宣传短视频的要求。

五、实操题

1. 选择一件物品，从多个角度为其拍摄短视频，注意要有景别的变化。

2. 使用Premiere对短视频（案例素材\陶瓷茶具）进行剪辑，制作一款陶瓷茶具宣传短视频。

第 **10** 章

短视频发布与推广

本章导读

短视频的内容固然重要，但如果我们想让用户看到短视频，还需要对其进行推广。本章将对短视频的发布技巧、短视频的发布时间、短视频的推广方式等内容进行系统讲解。通过本章的学习，读者可以对短视频的推广有基本的认识，并能够快速掌握短视频发布与推广的相关方法与技巧。

学习目标

1. 掌握短视频的发布策略与技巧
2. 掌握短视频的渠道推广方式
3. 掌握短视频数据追踪和分析的方法

10.1　短视频的发布技巧

短视频制作完成后需要发布到短视频平台中才能被用户观看，从而获得用户的关注。因此，短视频创作者需要选择合适的短视频平台对短视频进行发布。目前，主流的短视频平台如抖音、快手、哔哩哔哩、小红书、微博等，都为用户提供了便捷的上传功能。短视频创作者只需注册账号，进入平台的上传界面，选定短视频，填写标题、描述等信息，即可发布短视频。

然而，短视频的发布并非仅仅点击"发布"按钮那么简单，还涉及许多细节问题。短视频创作者需要掌握一些短视频发布技巧，包括适当跟热点、添加恰当的标签、定位发布等。

10.1.1　适当跟热点

跟热点是一种有效的内容创作和发布策略。热点话题往往能够引发用户的共鸣和讨论，从而增加视频的点击量和观看时长。但是，在跟热点的同时，也需要注意确保内容与热点的关联性，以及保持自身的风格和特色，避免过度追求热点而失去原有的受众群体。

1. 常规热点

常规热点指的是那些每年都会如期发生的事件，如节日庆典、节气更迭、购物狂欢节以及大型赛事活动等。由于这类热点的发生时间相对固定，短视频工作团队可以提前进行充分的预热准备，结合自身的特色进行内容创作。建议提前1～3天发布相关内容，这样不仅能抢占热点关键词，还能确保内容的新鲜度和时效性，从而吸引更多用户的关注。

2. 突发热点

突发热点是指那些难以预测且引发广泛关注的事件，它们往往具有突发性，涉及社会事件、地方自然灾害、娱乐新闻等。这类热点因其巨大的流量和广泛的传播范围而备受瞩目，但给短视频创作者留下的反应时间却相对短暂，因此特别考验短视频创作者的创作能力和反应速度。在发布与这类热点相关的短视频时，务必注重时效性，快速制作并第一时间发布相关内容，以抢占话题先机，吸引更多关注。

10.1.2　添加恰当的标签

标签是短视频的重要组成部分，它是短视频平台对短视频进行分类的重要依据。为短视频添加恰当的标签，有助于让目标用户更容易找到短视频。同时，标签也能反映出短视频的主题和内容，提高短视频的识别度和点击率。

在短视频的发布内容介绍中，以#开头的文字就是标签，如"#美食""#旅行""#摄影""#美妆"等。在给短视频添加标签时，需要遵循一定的原则。

1. 准确描述内容

为短视频添加标签，是精准定位目标用户的有效途径，能够将短视频直接推送给最可能对其感兴趣的用户，从而大幅提升短视频点击量。标签应紧密结合短视频内容，确保准确传达信息。针对美食类视频，可选取如"烹饪技巧""美食分享"等标签；若短视频内容为旅行，则可选用"旅行攻略""风景独好"等标签。此外，抖音、快手等平台提供的标签建议工具可依据短视频特性推荐合适的标签，助力短视频更精准地触达目标用户，提升短视频的曝光率和关注度。

2．选择与目标用户相关的标签

在选择短视频的标签时，应特别关注那些与目标用户紧密相关的标签。这些标签能够更准确地定位对短视频内容感兴趣的人群，从而提高短视频的点击率和关注度。例如，如果短视频是关于宠物护理的，那么选择"宠物爱好者""养宠攻略"等标签，将能够更直接地吸引对相关内容感兴趣的目标用户。精心挑选与目标用户相关的标签，能够更有效地将短视频推送给潜在用户，实现精准营销和高效传播。

3．使用热词

短视频创作者应当密切关注和紧跟热点。一个事件能够成为热点，必然吸引了无数网民的眼球，这为我们提供了巨大的吸引流量的机会。因此，在创作短视频时，巧妙地将热词融入标签中，能显著提高短视频的曝光率，从而增加短视频被推荐的机会。例如，如果短视频与热门歌曲有关，可以选择歌曲名或歌手名作为标签；若涉及重大节日，如劳动节、国庆节等，同样可以将这些节日的名称作为标签，以吸引更多目标用户，让短视频在众多内容中脱颖而出。

4．使用长尾关键词

除了使用热词外，使用长尾关键词也是一个不错的选择。这些关键词虽然不像热词那样广为人知，但它们能够更精确地描述短视频内容，从而更为精准地吸引目标用户。以健身短视频为例，除了使用"健身"这一热门标签，我们还可以在标签中添加诸如"腹肌锻炼方法"或"自律给我自由"等更具针对性的长尾关键词，进一步提升短视频的曝光度。

5．选择合适的标签个数和字数

标签太少不利于平台的推送，太多则容易让人抓不住重点，导致错过目标用户。一般来讲，短视频标签为3～5个，每个标签的字数为2～4个。而长尾标签由于特殊性（即长度更长、更具体），在字数上自然会有所增加。

10.1.3 "同城发布"和"定位发布"

在移动端短视频平台上发布视频时，"同城发布"和"定位发布"都是提升短视频曝光度和吸引目标用户的有效策略。

选择"同城发布"能够确保短视频内容被精准地传递给同一城市的用户，强化地域相关性，促进本地用户间的互动，对于商家来说，这更是推广本地化服务、提升销售额和用户黏性的绝佳途径。"定位发布"则能让短视频与具体地理位置紧密结合，增加内容的真实感与可信度，吸引特定区域的用户。这种发布方式尤其适用于希望吸引特定区域用户的短视频创作者或商家，能够有效吸引更多潜在用户。合理利用这两种发布方式，短视频创作者和商家能够更精准地触达目标用户，实现更有效的内容传播和营销推广。

10.2　短视频的发布时间

许多短视频创作者在发布短视频后会感到困惑：为何内容相似的作品，播放量却大相径庭？有的作品大受欢迎，有的却鲜少有人问津。出现这种情况的一个主要原因是没有选好短视频的发布时间，错过了用户的活跃时间，导致作品无法得到有效传播。因此，在各大平台上发布短视频时，选择最佳的发布时间至关重要。合适的发布时间能够显著提升短视频的曝光率和播放量，进而提高用户的关注度。

10.2.1　适合短视频发布的时间段

据统计发现，每个短视频平台都有各自的流量高峰期。大部分短视频的播放量、点赞量、评论量、转发量目标等基本上都是在流量高峰期内完成的。因此，为了优化短视频的各项数据，需了解短视频平台的流量高峰期，从而确定短视频的最佳发布时间。

在短视频领域，流传最广的黄金发布时间可以用4个字来总结："四点两天"。

1．四点：周一至周五的 4 个时间点

（1）7—9点：清晨起床期

在这个时间段里，大多数人或者刚睡醒，希望刷一刷短视频，醒醒神；或者在上班或上学途中，出于无聊想看一看短视频平台上有什么有趣的内容。在这个时间段里，短视频创作者适合发布早餐类、励志类、健身类短视频。

（2）12—14点：午间休息期

这个时间段是大家吃午餐和午休的时间，在这个时间段内，绝大部分人都会拿出手机消磨一下无聊的时间。人家忙了一上午，工作也好，上学也罢，终于可以停下来歇一歇，趁着吃饭的间隙抓紧打开短视频平台，看看喜欢的短视频创作者更新了没有，浏览一下自己喜欢的内容。短视频创作者在这个时间段内适合发布剧情类、吐槽类、搞笑类短视频，使用户在工作和学习之余能够缓解压力，得到放松。

（3）17—19点：下班高峰期

在这个时间段内，大家可能刚刚结束了一天的工作或学习，也可能坐在回家的地铁上，往往会利用手机打发时间，看看短视频放松一下。这一时间段也是短视频用户非常活跃的时候。因此，所有类型的短视频都可以在这一时间段内发布，尤其是创意剪辑类。

（4）21—23点：睡前休闲期

晚饭后收拾完坐在沙发上，或者忙碌了一天后躺在床上时，大家会干什么呢？许多人会选择打开手机看看自己喜欢的短视频来休息、放松一下。在这个时间段观看短视频的用户是最多的，因此，这个时间段同样适合发布所有类型的短视频，尤其是鸡汤类、情感类、励志类、美食类的内容，这类内容的流量会更高，评论量和转发量也较高。

2．两天：周六、周日

两天主要是指周六、周日，这完全是属于个人的时间，用户可以随时随地拿出手机观看短视频。因此，周六、周日两天的任何时间段都是流量高峰期，适合发布任何类型的短视频。

"四点两天"可以说几乎囊括了主流用户观看短视频的高峰期，是公认的短视频内容黄金发布时间。在这几个时间段内发布的短视频比较容易上热门。

注意，不同的领域都有相应的作品发布时间，我们可以在这几个时间段去测试，找到最适合自己账号的发布时间。

10.2.2 选择短视频发布时间的注意事项

尽管我们已经掌握了短视频的黄金发布时间，但在实际选择发布时间时还需注意以下事项。

1. 选择固定时间发布

短视频创作者不仅可以将短视频的发布时间段固定下来，还可以选择固定在每周的哪几天发布，如固定在每周二、周四、周六的21点发布，从而形成规律。采用这种发布方式能够培养用户的观看习惯，满足忠实粉丝的确定性心理，同时也能使短视频工作团队的成员心里有谱，形成良好的工作模式。

2. 适当提前发布

前面我们介绍过，短视频在发布后通常需要经过机器审核和人工审核，因此，短视频的实际发布时间可能要比计划发出时间推迟几分钟、几十分钟，甚至更长时间。在这样的情况下，短视频创作者就需要根据实际情况在计划发布时间前发布短视频，审核完毕的时间才是发布的实际时间。

3. 错开高峰时间发布

前面介绍了"四点两天"的黄金发布时间，在这些时间段内发布的优质短视频内容能够及时得到精准标签用户的反馈，上热门的机会更大。但也正是出于这个原因，短视频创作者发布的短视频数量多，竞争压力也较大。这时选择错开高峰时间发布，可能会获得更好的效果。

4. 在节假日顺延发布时间

考虑到节假日期间多数用户可能会晚睡晚起，我们可以调整短视频的发布时间，适当顺延，这将更有助于捕捉目标用户。

10.3 短视频的推广方式

短视频创作者若想打造爆款作品，吸引更多用户的目光，推广无疑是不可或缺的一环。通过精心策划和有效执行推广策略，短视频创作者能够让作品在众多内容中脱颖而出，实现更广泛的传播和获得更高的关注度。短视频推广是一个复杂且多维度的过程，涉及平台选择、用户互动以及数据分析等多个方面。

10.3.1 平台推广和宣传

1. 短视频平台推广

短视频平台是短视频多平台发布的核心渠道，其重要性不言而喻。借助这些平台，我们可以发布富有趣味性和吸引力的短视频，从而吸引更多用户的目光和关注。在进行短视频平台推广时，需要注意以下几点。

（1）选择合适的发布平台。短视频推广平台如表10-1所示。每个平台都有其特性和用户群体，因此需要根据账号的定位、标签以及目标受众来精准选择。例如，抖音以其多样化的视频形式和内容吸引了广大用户，尤其适合投放搞笑类、才艺展示类、生活记录类等短视频；小红书深受年轻人喜爱，是与时尚、美妆、生活、购物推荐等有关的短视频的绝佳投放平台；哔哩哔哩则以动画、漫画、游戏内容为主，用户群体偏年轻化，对二次元文化有着浓厚的兴趣，因此哔哩哔哩特别适合投放与游戏、动漫、二次元文化等内容相关的短视频。在选定短视频推广平台之前，深入研究和了解各个平台的特性及用户群体是至关重要的，这样才能确保短视频精准触达最合适的受众，从而获得最佳的推广效果。

表10-1　短视频推广平台

短视频推广平台	具体内容
在线视频网站	这类平台包括爱奇艺、优酷、腾讯视频、哔哩哔哩等，主要通过自身的知名度来吸引用户，同时也可以借助粉丝进行推广
资讯类平台	这类平台通过自身系统的推荐机制分配推荐量，比较常见的、适合短视频推广的资讯类平台有今日头条、百家号、企鹅媒体平台、一点资讯等
社交平台	社交平台是指微博、微信、QQ等社交软件，这类平台的特点是传播性比较强，用户的信任度比较高
短视频播放平台	目前短视频播放平台很多，如抖音、快手、哔哩哔哩、美拍等，通过这类平台进行推广，可以获得较高的播放量和曝光量，也能够直接决定短视频是否产生转化

（2）遵守平台规则。每个平台都有其独特的运营机制和规范，遵循这些规则不仅有助于避免违规风险，还能有效提升内容的曝光度和流量。以抖音为例，其独特的去流量中心化算法机制，通过智能分发、叠加推荐和热度加权等方式，为优质内容提供了广阔的展示空间。与抖音不同，快手则更加注重社交属性和人的核心地位，它的算法机制倾向于以人为核心，以人带内容，强调用户之间的互动和关联。在快手上推广短视频时，应注重构建良好的社交关系，利用用户之间的互动来增强内容的传播效果。

（3）多平台发布。选择一个平台运营一段时间且有一定的粉丝基础之后，则需要考虑拓宽渠道，把内容发布到更多的平台，扩大影响力，这样做是为了尽量不依赖某一个平台。如果短视频创作者只在某一个平台运营，积累了一定量的粉丝以后，当这个账号出现意外时，那么之前取得的成果就都变成了零。多平台发布可以有效规避这种风险，并且还能获得更高的曝光量。

2．短视频广告投放

短视频广告投放是一种通过在短视频平台上投放广告来宣传品牌或产品的方式。在短视频广告投放中，需要注意以下几点。

（1）选择合适的广告形式。根据目标用户和行业特点选择合适的广告形式，将其置于弹出窗口、网页顶部、网页底部等位置。

（2）创作有吸引力的广告内容。创作有趣、有吸引力的广告内容，以吸引更多的用户点击和观看。

（3）确定合理的广告预算。根据品牌或产品的实际情况确定合理的广告预算，以达到最佳的宣传效果。

10.3.2　社交化互动

短视频用户运营应该重视提高用户的活跃度。活跃度高、黏性强的用户更容易转化为粉丝。而提高用户活跃度、黏性的最好方法就是与用户进行良好互动。

1．标题引导

短视频创作者可以利用短视频的标题引导用户评论，增强与用户的互动。例如，制作一条表现在家吃火锅的短视频，可以在标题文案中加入一句能引发互动的话："大家吃过的最好吃的火锅蘸料是什么？欢迎大家在评论区留言互动。"此外，在制作有关美食的短视频时，可以在标题中加入"稍稍回暖的天气里，适合吃什么美食呢"的表述，这样可以引导用户留言，促进用户互动、评论。

2．评论区互动

评论区是一个双向互动的空间，用户可以留言，短视频创作者也可以回复留言。短视频创作者可以通过回复、点赞评论区的留言，拉近与用户之间的距离，增强亲切感，减少陌生感。

需要注意的是，短视频创作者要及时回复留言，因为随着时间的流逝，用户的期待值会慢慢降低。马斯洛需求层次理论将人们的需求划分为5类：生理需求、安全需求、社会需求、尊重需求和自我实现需求。用户在评论喜欢的短视频时是抱有期待的，实际上这是一种渴望被关注、被尊重的心理。如果短视频创作者能及时回复用户的留言，用户就会产生一种被尊重的感觉，从而转化为活跃用户。

如果评论太多，难以逐一回复，那么可以选取具有代表性的问题专门制作一期短视频来回答。短视频创作者还可以置顶高质量的评论，引发用户讨论。

3．私信互动

有时候用户会选择通过私信的方式向短视频创作者提一些问题或是分享一些事情，尤其是在观看教程类、技巧类、分享类或旅游类短视频之后，短视频创作者要及时回复这些用户的留言。短视频创作者还可以在征得用户同意之后将私信的内容发布到平台上，引导其他用户看到相关内容之后做出同样的行为，从而与用户形成良性的互动循环。

4．建立社群

社群运营是指将群体成员以一定的纽带联系起来，使成员有共同目标、保持相互交往、形成群体意识，并形成社群规范。社群运营也就是把短视频平台的公域流量引入自己的私域流量池。

建立社群比较常见的方式是汇集有共同兴趣爱好的一群人，如喜欢玩游戏、旅游、写作和学习剪辑软件操作的群体。短视频创作者可以根据短视频账号内容建立社群，如"游戏交流群""旅游交流群""写作交流群"等，一般用户在网上遇到与自己爱好相同的社群会尝试加入，这样短视频创作者就有了自己的私域流量池。用户可以在社群里沟通和交流，也可以通过社群了解和学习更多相关领域的知识，所以黏性更强，忠实度也比较高，后期变现也就更加容易。此外，通过举办线下交流会等活动，社群还能有效拓展流量边界，进一步扩大其影响范围。

需要注意的是，社群运营的目的是把真正有需求的人集中在一起，然后进行精细化的运营。所以在投放流量的时候，短视频创作者要注意对流量进行分层和沉淀，这是实现社群运营目的的有效方法。

5. "拉新"

在短视频账号萌芽期，运营工作的首要目标就是"拉新"，即吸引用户关注，培养第一批核心用户。具体的"拉新"方法主要有以下几种。

（1）以老带新。以老带新是短视频账号萌芽期有效的"拉新"方式之一，即通过已有的"大号"协助推广，把粉丝引流到新的账号，有助于累积第一批种子用户。

（2）合作推广。在资金允许的前提下，寻求"大号"合作推广，或利用人际关系带动新账号的成长，也是短视频账号萌芽期"拉新"的常用方法。

📋 **课堂讨论**

你在看完短视频后是否发表过评论？想一想是什么因素让你发表了评论。

10.3.3　数据追踪和分析

定期分析短视频的播放量、点赞量、评论量等数据，了解短视频的数据表现和用户反馈。分析用户的观看时长、观看习惯等数据，找出受欢迎的内容类型和发布时间，优化发布策略。对比不同推广方式的效果，找出最有效的推广手段，提高推广效率。

通过深入分析数据，短视频创作者能够精准发现账号存在的问题，进而迅速进行调整。例如，当某个短视频的播放量骤降时，进行数据分析能够揭示其背后的原因，无论是内容不受欢迎，还是触犯了平台规则，这样的分析都能为短视频创作者提供明确的调整方向。

此外，数据分析还能助力短视频创作者优化运营策略。通过分析用户的活跃时间段、研究竞争对手账号的信息等，短视频创作者能够绘制出精准的用户画像，并了解用户喜爱的内容类型，从而有针对性地优化短视频内容。这种基于专业分析创作的内容更能迎合用户的喜好，有助于提高短视频的点击率和关注度，为短视频创作者带来更多的流量。

如何进行深入的数据分析呢？下面介绍一个备受认可的短视频数据分析平台。

飞瓜数据是由福州国集信息科技有限公司精心打造的一个专业短视频及直播数据查询、运营和广告投放效果监控平台。它覆盖抖音、快手等多个主流平台，提供涉及电商数据、视频监控、商品监控、直播推广等实用功能。通过飞瓜数据，用户可以迅速捕捉抖音上的最新热点视频，并依托不同排行榜精准定位优质活跃账号和网络达人，深入了解他们的账号特点、用户喜好和内容方向。此外，飞瓜数据还能帮助用户分析账号运营数据，构建精准的用户画像，把握粉丝活跃时间，洞悉用户观看习惯，并同步展示电商"带货"数据和热门推广视频，从而全面评估主播的"带货"能力。

飞瓜数据还具备实时监控功能，能够24小时不间断地记录抖音主播的粉丝数、点赞量、转发量和评论量等增量数据，并将其与近期的运营数据趋势进行纵向对比，帮助用户及时发现流量变化，优化短视频运营策略。同时，该平台支持多平台切换，用户可以根据需求轻松查看抖音、快手、哔哩哔哩等不同平台的数据。

然而，需要注意的是，飞瓜数据的免费功能相对有限，大部分高级功能需要付费才能使用。尽管如此，对于短视频创作者和营销人员来说，付费使用飞瓜数据所获得的专业、全面的数据分析支持，无疑是提升内容质量和推广效果的重要助力。

飞瓜数据具备多平台切换功能，能够灵活适应不同用户的需求，如图10-1所示。例如，单击"飞瓜抖音"按钮，即可在抖音版查看抖音平台的数据，如图10-2所示；单击"飞瓜快手"切换到快手版则能浏览快手平台的数据，轻松实现跨平台数据对比与分析。这一功能为短视频创作者和运营人员提供了极大的便利，使他们能够更全面地了解不同平台的数据表现，从而做出更精准的决策。

图10-1

图10-2

思考与练习

一、单选题

1. 以下关于短视频发布时间的说法错误的是（　　）。
   A. 选择固定时间　　　　　　　　B. 适当提前发布
   C. 错开高峰时间　　　　　　　　D. 无规律地发布
2. 下列哪个平台不属于社交平台？（　　）
   A. 微博　　　　B. 微信　　　　C. 今日头条　　　D. QQ
3. 下列哪个平台不是短视频发布的主要平台？（　　）
   A. 抖音　　　　B. 小红书　　　　C. 知乎　　　　D. 快手

二、填空题

1. （　　）是短视频的重要组成部分，它是短视频平台对短视频进行分类的重要依据。
2. （　　）能让短视频与具体地理位置紧密结合，增加内容的真实感与可信度，吸引特定区域的用户。
3. 在飞瓜数据上单击（　　）按钮，即可在抖音版查看抖音的数据。

三、判断题

1. 跟热点是一种有效的内容创作和发布策略。（　　）
2. 以老带新是短视频账号萌芽期有效的"拉新"方式之一。（　　）
3. 为了优化短视频的各项数据，需了解短视频平台的流量高峰期，从而确定短视频的最佳发布时间。（　　）

四、简答题

1. 简述短视频的3种发布技巧。
2. 简述短视频的2种推广方式。
3. 简述短视频社交化互动推广的几种方法。

五、实操题

1. 拍摄并剪辑一个记录校园生活的短视频并为其制作封面和添加标题。
2. 将剪辑好的短视频发布到个人微信视频号上。